Christian Löhden

111 Orte in Graubünden, die man gesehen haben muss

111

emons:

Bibliografische Information der Deutschen Nationalbibliothek
Die Deutsche Nationalbibliothek verzeichnet diese Publikation in der Deutschen Nationalbibliografie; detaillierte bibliografische Daten sind im Internet über http://dnb.d-nb.de abrufbar.

MIX
Papier | Fördert gute Waldnutzung
FSC® C083411
FSC
www.fsc.org

Gestaltung: Eva Kraskes, nach einem
Konzept von Lübbeke | Naumann | Thoben
Kartografie: altancicek.design, www.altancicek.de
Kartenbasisinformationen aus Openstreetmap,

Druck und Bindung: CPI – Clausen & Bosse, Leck
Printed in Germany 2023
Erstausgabe 2015
ISBN 978-3-7408-1551-6
Aktualisierte Neuauflage Oktober 2023

Vorwort

Wer hat den besten Laib im ganzen Land? Wie kommt der Spiegelsaal ins einsame Bergtal? Wer nimmt den Blauen Heinrich mit ins Dorf? Warum ist mit den Pschuurirolli nicht zu spassen? Diese Fragen sind mehr als berechtigt, und sie müssen beantwortet werden. Genau das tun «111 Orte in Graubünden, die man gesehen haben muss».

Graubünden ist spitze. Und das nicht nur, weil man nirgendwo in Europa näher am Himmel wohnt. Die einzige Natureisbahn der Welt steht hier – in St. Moritz –, der erste Schlepplift der Welt brachte Davoser Skifahrer auf die Piste.

Dass es schön ist in Graubünden, weiss man schon lange. Seit es Bergtourismus gibt, kommen Reisende, um die Landschaft zu geniessen. Andere folgten, ihre Leiden in der Höhenluft zu lindern. So entstand ein Bädertourismus mit prachtvollen Belle-Epoque-Bauten. Davos, St. Moritz, Engadin, Bergell: klangvolle Namen, die man in der ganzen Welt kennt. Dazu Mythen und klassische Themen: Heidi, die Viamala, das Almleben. Dieser Band nimmt manche von ihnen auf und beleuchtet neue, unbekannte Seiten. Doch er führt vor allem auch an unentdeckte Orte und entlockt ihnen faszinierende Geschichten. Geschichten etwa vom Verkehrswegebau infolge des Reisens, Geschichten von Auswanderern, die heimkehrten und Kurioses mitbrachten.

Und Geschichten von der Sprachenvielfalt. Drei Amtssprachen gibt es, zwischen den hohen Bergen hielten sich unzählige Mundarten. Auch kulturelle Eigenständigkeit und manch urige Traditionen erhielten sich in den Tälern.

Erfahren Sie mehr über verschwundene und gerettete Seen, essen Sie tief im Berg ein Schinkengipfeli. Lauschen Sie den Symphonien des Windes. Sehen Sie, wo das Wasser sich zwischen drei Meeren entscheiden kann. Und ziehen Sie sich doch mal Hip-Hop auf Rätoromanisch rein. Kommen Sie mit auf eine Entdeckungstour durch tiefe Schluchten und über himmelhohe Pässe in Graubünden.

111 Orte

SPAGHETTI

1 St. Peter in Mistail

Kostbares Kleinod

Man geht einen Waldweg leicht bergab. Hinter einer Biegung sieht man sie auf einer Lichtung vor sich, die Kirche St. Peter in Mistail: Eine helle Erscheinung und doch ein bisschen weltvergessen wirkt sie an diesem Ort – abseits von Siedlungen auf einem kleinen Plateau über dem Albulatal. Dabei kreuzen sich wenige hundert Meter von hier wichtige Verkehrsrouten. Dass es hier dennoch so beschaulich zugeht, verwundert angesichts der kulturhistorischen Bedeutung von St. Peter: Als einzige Kirche der Schweiz hat sie drei original erhaltene Apsiden – das ist nicht nur ein Alleinstellungsmerkmal, das sieht auch sehr schön aus.

Auf der wiesenbegrünten Lichtung steht nur ein Bauernhaus der Kirche zur Seite, eine Gänseschar begrüsst einen – oder hält Wache? Dass man – Federvieh ausgenommen – den Ort bisweilen ganz für sich allein hat, verstärkt die historische Aura, die der Bau aus karolingischer Zeit ausstrahlt.

Nonnen haben wahrscheinlich um 800 an diesem abgeschiedenen Ort ein Kloster gegründet, drei Jahrhunderte später wurde die nachnachfolgende Generation vertrieben. Später diente das abgelegene Gotteshaus als Bestattungskirche. Das Innere schmücken Fresken aus verschiedenen Epochen, die meisten aus gotischer Zeit, aus dem 14. Jahrhundert. An den Seitenwänden und in der südlichen Apsis – das ist von innen betrachtet die rechte – sind aber auch verblasste Fresken aus der Zeit kurz nach dem Kirchenbau im 9. Jahrhundert zu erkennen. Die Blockaltäre in den Apsiden stammen ebenfalls aus dieser Zeit. Andere Wandmalereien datieren auf die Barockzeit.

Über Jahre war St. Peter in Mistail Spielstätte beim Kulturfestival «Origen Festival Cultural», das alljährlich im Surses (Oberhalbstein) stattfindet. Um 5.30 Uhr wurden die Laudes – greorianische Gesänge – in mystischer Morgenstimmung vorgetragen. Bis auf Weiteres gibt es in der Kirche keine Veranstaltungen im Rahmen von Origen.

Adresse Mistail, 7451 Albula/Alvra-Alvaschein | **Anfahrt** A 13, Chur–San Bernardino, Ausfahrt Thusis-Süd, links auf Albulastrasse, nach 10,5 Kilometern rechts auf Mistail, parken, circa 10 Minuten Fussweg | **Öffnungszeiten** in schneefreier Zeit tagsüber geöffnet (falls geschlossen: Schlüssel im Bauernhaus nebenan) | **Tipp** Wer nach der Erfahrung der Ruhe in Mistail ein Gegenprogramm sucht, ist am «Erlebnisberg Pradaschier» in Churwalden richtig. Per Zipline geht es in zwei Minuten 1,7 Kilometer weit und 470 Höhenmeter hinunter (Infos unter www.pradaschier.ch/zipline/).

2 Der Zigeunerwagen

Lebe unstet, aber ganz entspannt

«Lustig ist das Zigeunerleben», sagt zumindest der Volksliedmund. Auch wenn die Wirklichkeit sicher oft anders aussah, wohnt doch dem Umherziehen ohne festen Wohnsitz das Gefühl von Freiheit und Unbeschwertheit inne. Sinnbildlich dafür steht der Wagen, in dem das «fahrende Volk» wohnte und mit dem man jederzeit schnell den Wohnort wechseln konnte. In unserer durchorganisierten Welt ist heute wenig Raum fürs Nomadisieren, dafür hat das einfache Leben in ungemauerter Wohnstatt inzwischen einen Geschmack von Freiheit und Luxus bekommen.

Bei Stierva, hoch über dem Albulatal, kann man mitten im Grünen ein Zigeunerleben auf Zeit führen. Auf die Option, Bett und vier Wände mitzunehmen und einfach an anderer Stelle wiederaufzubauen, muss man allerdings verzichten, der Wagen bleibt stets an Ort und Stelle. Die ist dafür bestens gewählt: Man schaut von aussichtsreicher und sonnenverwöhnter Terrassenlage in drei Richtungen auf die umliegende Bergwelt. In der Umgebung gibt es viel Natur zu erkunden. Um den Magen zu füllen, muss nicht nach dem «Hirschlein» aus dem Lied übers Zigeunerleben gejagt werden – der Bio-Bauernhof Culegna Sundelas der Familie Brenn-Luiprecht, der die ungewöhnliche Ferienbehausung anbietet, sorgt für die nötige Verpflegung. In der Kochnische oder an der zum Wagen gehörenden Grillstelle lässt sich dann das Erlegte gut zubereiten, und das ein oder andere Liedchen wird am Feuer sicher auch in Erinnerung kommen. Statt zum Betten «Moos und Reisig» in ein Loch zu legen, wie im Volkslied erdacht, kuschelt man sich ins bequeme Federbett des Bauwagens. Im Winter ist er beheizt. Allerdings steht der Wagen dann nicht mehr oberhalb des Dorfes in der Natur, sondern gleich neben Culegna Sundelas. Den Wagen hat die Familie von einem Alphirten übernommen, mit Malereien an der Aussenwand aufgehübscht und mit den Annehmlichkeiten des modernen Lebens versehen.

Adresse Culegna Sundelas, 7459 Albula/Alvra-Stierva | **Anfahrt** H3, Chur–Silvaplana, in Tiefencastel rechts auf Julierstrasse Richtung Mon/Stierva, nach 200 Metern rechts auf Kirchgasse, nach 4 Kilometern rechts auf Caschneras Richtung Stierva, nach 2,6 Kilometern rechts 1. Haus | **Öffnungszeiten** Buchungen unter Tel. 081/6812340 und www.sundelas.ch | **Tipp** Auf der Ranch Farsox in Alvaneu Bad kann man sich im Tipi zur Ruhe betten und die hofeigenen Produkte geniessen (Infos unter www.ranch-farsox.ch und Tel. 078/6217646).

3 Die Rofflaschlucht

«So an Wasserfall, den ha mer ou»

… dachte sich Christian Pitschen-Melchior, Auswanderer vom Hinterrhein, als er die gigantischen Niagarafälle zu Gesicht bekam. Dass man in Amerika mit dem wilden Wasser-Spektakel ein gutes Geschäft machte, liess ihn nicht unbeeindruckt, schliesslich betrieb seine Familie das Wirtshaus an der Rofflaschlucht. Die war zu jenem Zeitpunkt noch nicht begehbar, bot aber auch einen rauschenden Wasserfall. Dass Christian Pitschen-Melchior überhaupt den Weg ins ferne Amerika antrat, lag an der miserablen wirtschaftlichen Situation im Hinterrheintal, nachdem das Transitgeschäft eingebrochen war – schuld war die Eröffnung des neuen Bahntunnels auf der Gotthardroute 1882. Mit Unterstützung der Gemeinden gingen viele junge Männer in die Fremde.

Pitschen-Melchior jedoch fühlte sich nicht wohl auf dem fremden Kontinent, wo er einem englischen Edelmann zu Diensten war und mit ihm herumreiste. Die Erfahrung der Niagarafälle brachte die zündende Idee. Zusammen mit seiner Frau, die ihm nachgezogen war, ging er 1901 zurück in die Heimat und machte sich daran, das Potenzial der gewissermassen hinterm Haus liegenden Ressource zu heben.

Er übernahm das Gasthaus und begann Ende 1906 mit der Erschliessung der Schlucht. Mit 8.000 Sprengladungen und viel Bohren per Hand legte die Familie Pitschen-Melchior binnen sieben Wintern – im Sommer war man mit Landwirtschaft beschäftigt – die Felsengalerie an, die man heute noch begehen kann. Die Investition lohnte sich, die Galerie, in die man nur durch das Gasthaus gelangt, brachte neue Besucher und sicherte der Familie die Existenz. Der Höhepunkt liegt am Ende des Weges – dort unterquert man den Hinterrhein, der mit mächtigem Getöse in die Schlucht hinabstürzt. Auf dem Weg bleibt man indes fast gänzlich trocken.

Im Dokumentationsraum am Zugang zur Schlucht erfährt man Wissenswertes zum Bau des Weges.

Adresse Rofflaschlucht, 7440 Andeer | **Anfahrt** A13, Chur–San Bernardino, Ausfahrt Rofla/Avers, rechts auf Rofla Richtung Rofla/Andeer, nach 400 Metern rechts auf H13 | **Öffnungszeiten** April Do–Mo 9–18 Uhr; Mai–Okt. täglich 9–19 Uhr | **Tipp** Im Mineralbad Andeer lässt sich nach einem Gang durch die wilde Schlucht bei 34 Grad Celsius drinnen wie draussen gut entspannen (täglich 8–21 Uhr).

4 Der Seelabalgga

Transzendenz-Aspekt beim Hausbau

Ein Paradoxon der modernen Zeit ist ihr Umgang mit dem Tod. Eigentlich müsste im Effizienz-Zeitalter das Ableben von alten und kranken Menschen gefeiert werden, vermeidet es doch Krankheits- und Pflegekosten, ausserdem wird meist ein Raum frei. Dennoch wird alles versucht, das Ende so lange wie möglich hinauszuzögern. Da der Tod zudem nicht chic ist, wird er verdrängt und findet oft in anonymen Einrichtungen statt. In früheren Zeiten dagegen gehörte er wie selbstverständlich zum Leben. Alte und Kranke wurden bis zuletzt zu Hause gepflegt, wo ein bewusstes Abschiednehmen möglich war.

Dort, wo die Volksgruppe der Walser siedelte, wie im Averser Tal, hatten viele Häuser eine Öffnung in der Fassade, die mit einem herausnehmbaren Holzklotz verschlossen war – dem Seelabalgga. Die Menschen waren davon überzeugt, dass man der Seele eines Sterbenden einen separaten Austritt aus seiner Wohnstatt ermöglichen müsste. Lag jemand im Haus im Sterben, öffnete man den Seelabalgga, der in der Aussenwand des «Liggspycher» – der Schlafkammer – angebracht war. Hatte der Dahinscheidende einen kräftig gebauten Brustkorb und ein starkes Herz, öffnete man den Balken frühzeitig, da man annahm, der Todeskampf würde ansonsten länger dauern. Mit dem Entweichen der Seele aus dem Haus in die Bergwelt stellte man sich zugleich eine Reinwaschung von Sünden vor.

Mittlerweile sind die Seelenbalken selten zu finden. Bereits Anfang des 20. Jahrhunderts wurden sie nicht mehr genutzt, stattdessen öffnete man einfach das Fenster. Menschen, die in einem Raum mit Seelabalgga schliefen, berichteten verschiedentlich von seltsamen Klopfgeräuschen aus seiner Richtung.

Der Balken an dem 1546 erbauten Haus gegenüber dem «VOLG»-Laden in Cresta weist ausser einem kleinen Kreuz keine Verzierung auf, ist asymmetrisch und wie selbstverständlich in die Fassade integriert. Ein Zeugnis tief verwurzelten Glaubens.

Adresse Cresta 111, 7447 Avers-Cresta | **Anfahrt** A13, Chur–San Bernardino, Ausfahrt Rofla/Avers, links auf Rofla Richtung Avers-Juf, nach 18 Kilometern auf der linken Seite | **Tipp** Die Kirche von Cresta unterhalb des Dorfes hat zwar bescheidene Ausmasse, steht aber in ihrer exponierten Lage wie ein Wahrzeichen für das dünn besiedelte Tal.

5 Das höchstgelegene Dorf

Dem Himmel ganz nah

Weltentrückt zwischen weichen Bergflanken liegen ein paar Häuser. Die Baumgrenze hat man schon unter sich gelassen. Die schmale Strasse, die an das Dorf heranreicht, endet hier, talaufwärts geht es nur zu Fuss weiter. Selbst die Strommasten verneigen sich vor der Abgeschiedenheit – die Leitungen versinken vor Juf, dem hintersten Tal-Ort, in der Erde. Juf ist in doppeltem Sinne das obere Ende der Welt.

Der letzte Weiler im Avers, Heimat von etwa 30 Seelen, liegt auf 2.126 Metern und ist damit die höchstgelegene ganzjährig bewohnte Siedlung Europas. Am oberen Ende auch deshalb, weil man von der nächsten Durchgangsstrasse immerhin 27 Kilometer talaufwärts unterwegs ist, bis man Juf erreicht. Den unteren Teil macht das Ferratal aus, die oberen zehn Kilometer sind das eigentliche Avers, wo in acht Weilern ganze 170 Menschen leben.

Die Besiedlung des Tals durch die deutschsprachigen Walser geschah von Süden her. Diese von den Alemannen abstämmige Volksgruppe wanderte im 13. Jahrhundert vom heutigen Wallis gen Osten und liess sich in vielen Hochtälern der Bündner Zentralalpen nieder. Im Avers verdrängten sie die rätoromanische Bevölkerung, deren Besiedlung durch viele Ortsnamen noch verbürgt ist.

Noch bis zum Bau der Alten Averserstrasse 1895 ins Rheintal im Norden wurden die von aussen benötigten Güter von Süden, vom italienischen Chiavenna her über den hochalpinen Forcellinapass oder den Madrisberg importiert.

Trotz der idealen Bedingungen für Wintersport ist das ganze Tal vom grossen Andrang verschont geblieben. Gerade einmal drei Skilifte gibt es im Ortsteil «Am Bach». In Juf warten ein Hotel, eine Pension und einige Ferienwohnungen auf Gäste, die auf Après-Ski-Gaudi gerne verzichten. Wenn man die unzersiedelte Landschaft und die funkelnden Sterne in klarer Winternacht geniesst, wünscht man, dass hier alles noch eine Weile so bleiben möge.

Adresse Ober Juf, 7448 Avers-Juf | **Anfahrt** A 13, Chur – Bellinzona, Ausfahrt Rofla / Avers-Juf, links Richtung Avers-Juf | **Tipp** Im Winter führen Schneetouren in den unberührten Talschluss, auf umliegende Pässe und Gipfel oder über den Stallerberg nach Bivio.

6 Der Murmeltierpfad

Hör' mal, wer da pfeift!

Ein Vogel ist das nicht, der klingt anders. Ausserdem kommt es immer wieder von derselben Stelle am Hang. Na, dann muss das wohl ein Murmeltier sein – oder Mungga, wie es in der Schweiz heisst –, das vermeintliche Pfeifen ist tatsächlich auch mehr ein Schreien, das aus dem Kehlkopf kommt. Sind die nicht als besonders scheu bekannt? Allen Grund dazu hätten sie. Früher landeten sie regelmässig im Kochtopf. Ihrem Fett sagte man eine heilende Wirkung nach, Kinder führten sie auf Jahrmärkten vor. Weil auch ihre Pelze ziemlich beliebt waren, schränkte sich ihr Lebensraum auf hochalpine Standorte ein.

Im Val Bregalga haben die sympathischen Nager wenig Scheu vor dem Menschen. Man bleibt zwar auf Distanz, lässt sich aber auch nicht in seinem Tagewerk stören. Und das mutet recht entspannt an. Fressen, in der Sonne dösen, fressen, ein Schwätzchen mit dem Nachbarn halten, fressen, Fremdlinge schreiend grüssen oder beschimpfen – wie man es nehmen mag –, fressen, Nasen aneinanderreiben, fressen. Die Nahrungsaufnahme beschäftigt die Tiere einen grossen Teil des Tages. Schliesslich haben sie im Sommer nur begrenzt Zeit, um sich – bei vollständig vegetarischem Speiseplan – Fettreserven für den langen Winterschlaf anzufressen. Der dauert bis zu neun Monate, dabei sind die Munggen auch Meister im Energie-Haushalten: Der Verbrauch sinkt auf ein Zehntel, zwei Atemzüge pro Minute genügen ihnen. Beim Fitmachen für den Winterschlaf sollte man sie also nicht stören, höchstens einmal freundlich zurückpfeifen, äh … -schreien.

Der Murmeltierpfad vom Loretzhaus bei Juppa zur Alp Bregalga führt in ein Gebiet mit einer der höchsten Populationen in den Alpen. Auf den drei Kilometern erzählen zwölf Schautafeln Wissenswertes über die Tiere. Zwischen 11 und 15 Uhr halten sie übrigens Siesta, und auch bei Regen ist es im Bau gemütlicher. Dann ist nur der hölzerne Kamerad am Start des Weges zu sehen.

Adresse Loretzhaus, 7447 Avers-Juppa | **Anfahrt** A13, Chur–San Bernardino, Ausfahrt Rofla/Avers, links auf Rofla Richtung Avers-Juf, nach 21,5 Kilometern in Juppa rechts auf Loretzhaus, nach 400 Metern parken | **Tipp** Gute regionale Küche gibt es im Hotel Bergalga, dazu hin und wieder Konzerte und Lesungen mit Werken zur Kulturgeschichte des Avers (zwischen Juppa und Podestatenhaus, Infos unter www.bergalga.ch).

7__Heidis Zöpfe

Haariges Relikt eines Mythos

Diese Haare sind echt Heidi. Sie schmückten das Haupt des Mädchens, das das Bild der Welt von der Romanfigur «Heidi» prägte. Ein guter Grund, das Ortsmuseum Bergün, an dem dieses wichtige Requisit aufbewahrt wird, in die 111-Orte-Liste aufzunehmen.

Die Zöpfe gehörten Elsbeth Sigmund, Hauptdarstellerin im ersten deutschsprachigen Heidi-Film von 1952 sowie in der Fortsetzung «Heidi und Peter» von 1954, dem ersten Schweizer Farbfilm. Dass die Zöpfe hier liegen, kommt nicht von ungefähr. Beide Filme wurden in und rund um Bergün gedreht, besonders in Latsch, einem kleinen Almdorf oberhalb des Ortes sowie auf der Alp Falein bei Filisur. Beide Drehorte boten das unverfälscht historische Bild, das für die Darstellung der idyllischen, heilen Heidiwelt benötigt wurde. Das eigentliche Heidiland ist natürlich Maienfeld, wo die weltbekannte Geschichte von Johanna Spyri verortet ist und wo das weltberühmte Kinderbuch entsprechend vermarktet wird. Doch Maienfeld war in den 1950er Jahren bereits baulich so stark modernisiert, dass es als Darsteller nicht recht taugte.

Bei den Dreharbeiten musste improvisiert werden: Schminken und Umziehen erledigten die Schauspieler im Stall von Geissen, die sich dafür mit Überfällen auf die Lunchpakete rächten. Um echten Bergwind zu erzeugen, musste extra ein Flugzeugmotor auf die Alp gebracht werden. So wurde der Film für damalige Verhältnisse mit 600.000 Franken reichlich teuer.

Neben den Zöpfen der Hauptdarstellerin sind im Bergüner Ortsmuseum weitere Requisiten aus den Heidi-Filmen zu sehen, so der Rollstuhl von Clara. Ob Elsbeth Sigmund sich ihrer alten Zöpfe nach Ende der Dreharbeiten entledigte, um damit auch etwas im übertragenen Sinn abzuschneiden respektive hinter sich zu lassen – «Heidi» zum Beispiel –, ist nicht weiter verbürgt. Jedenfalls blieben die Heidi-Verfilmungen die einzigen Leinwand-Werke der damals 13-Jährigen.

Adresse Veja Alvra 49, 7482 Bergün Filisur-Bergün/Bravuogn | Anfahrt H 3, Chur–St. Moritz, in Tiefencastel links auf Julierstrasse, nach 800 Metern im Kreisverkehr 2. Ausfahrt auf Pro Mulegn, nach 4 Kilometern rechts auf Albulastrasse, nach 12 Kilometern in Bergün rechts auf Veja Alvra, nach 150 Metern links auf Veja Alvra | Öffnungszeiten Anfang Dez.–Ende März und Mai–Okt. Mi 18.30–21 Uhr, Do und Sa 15–17.30 Uhr, Ende März–Ostern Mi 18.30–21 Uhr (genaue Tage unter www.ortsmuseum-berguen.ch) | Tipp Das Film-Dorf Latsch, hoch auf einer Terrasse über Bergün gelegen, vermittelt bis heute den pittoresken Eindruck eines Ortes, an dem die Zeit stehen geblieben ist (über Les-Cha-Sur, am Bahnhof vorbei).

8 Der Landwasserviadukt

Wie im Modellbahn-Keller

Ein leises Raunen geht durch den Berg. Oder ist es doch ein Flugzeug? Nein, Augenblicke später tritt er hinaus, der Zug der Rhätischen Bahn. Und in diesem Moment meint man, gleich müsse sich ein riesenhafter Papa über die Szenerie beugen und in akribischer Detailversessenheit Einzelteile der Spielzeuglandschaft neu ordnen. Denn der gemauerte Kalksteinviadukt, über den ein roter Zug hinwegzuckelt, wirkt fast zu fragil, als dass dies alles Teil einer realen Landschaft sein könnte. Mit den Felswänden der Schlucht, dem Tunnel-Portal, in dem Züge am südöstlichen Ende des Viadukts auf Nimmerwiedersehen verschwinden oder ganz plötzlich aus ihm auftauchen, und dem alles dunkel umhüllenden Wald wähnt man sich in einer bilderbuchhaften Miniaturlandschaft. Wahrscheinlich war für Märklin & Co. der Landwasserviadukt eine wichtige Inspirationsquelle. Das Herz jedes Eisenbahnfans jedenfalls dürfte hier höherschlagen. Dabei sind die Dimensionen überschaubar. Gerade einmal 65 Meter erhebt sich der Viadukt über dem Talboden, bei 136 Meter Länge. Der Landwassertunnel ist ganze 216 Meter lang.

Für seine Zeit – ab 1901 wurde er in gerade eineinhalb Jahren fertiggestellt – war der Viadukt ein tollkühnes Projekt. Seit 2008 gehört er zum UNESCO-Weltkulturerbe. Jedes Jahr rollen 22.000 Züge über das Bauwerk hinweg. Bei Sanierungsarbeiten wurde 2009 deutlich, dass das Mauerwerk nach 107 Jahren in einwandfreiem Zustand war.

Vom Ufer der Landwasser unterhalb des Viadukts kann man dessen elegante Gestalt bewundern und den Hals schnell emporrecken, wenn es im Berg raunt und ein Zug aus der Felswand auftaucht oder eben von ihr verschluckt wird. Ein steiler Pfad, der vom Weg zwischen Strasse und dem Platz unterhalb der Brücke abzweigt, führt zu Aussichtspunkten oberhalb der Strecke. Dank der kurvigen Linienführung im Bereich des Viadukts hat man das Schauspiel dann hervorragend von oben im Blick.

Adresse 7477 Bergün Filisur-Filisur | **Anfahrt** H 3, Chur – St. Moritz, in Tiefencastel links auf Julierstrasse, nach 800 Metern im Kreisverkehr 2. Ausfahrt auf Pro Mulegn, nach 4 Kilometern rechts auf Albulastrasse, nach 3,6 Kilometern links parken, 10 Minuten Fussweg zum Landwasserufer unter dem Viadukt | **Tipp** Bei einer Fahrt mit der Albulabahn, der Rhätischen Bahn von Thusis nach St. Moritz, überquert man neben dem Landwasserviadukt gleich noch 143 weitere Brücken. Aussichtsreicher geht es kaum – und das alles auf nur 62 Kilometern. Augenpause gibt es in 42 Tunneln.

9 Die Mordmühle

Verlassener Tatort mit Schauerfaktor

Drei Tote – der Müller und eine schwangere Magd im Haus liegend, dazu eine ehemalige Magd, auch sie schwanger, begraben von einem Holzstoss unter der Eingangstreppe. Die Indizien in der einsam gelegenen Weihermühle, im schattigen Talschluss ausserhalb von Bonaduz, deuteten zunächst auf eine Beziehungstat hin: Ex-Geliebte, vom Müller schwanger und gleichwohl verstossen, tötet den abtrünnigen Partner samt neuer, jüngerer Geliebten.

Doch war die Magd in der Lage, den kräftigen Müller zu überwältigen? Tatsächlich war sie noch einmal zurückgekehrt, um Unterhalt für das Kind einzufordern. Einen unglücklicheren Zeitpunkt hätte sie sich nicht aussuchen können, denn sie stolperte geradewegs in einen planmässigen Raubüberfall hinein. Ein ortsbekannter Tagelöhner wollte mit zwei von ihm angestifteten Komplizen Reis aus der Mühle stehlen. Das Ganze artete in eine Bluttat aus. Der Hauptschuldige und gemäss Geständnis alleinige Mörder wurde später zwecks Abschreckung an öffentlichem Ort aufgehängt. Gestorben war er da bereits durch eigene Hand. Nahm er womöglich einen Teil des Geschehens mit ins Grab?

Die karierten Vorhänge hängen akkurat hinter den Fenstern, nur an einer Stelle sind sie zurückgezogen – wurden sie gerade bewegt? Zweifelnden Schrittes nähert man sich, wissend um die mörderische Geschichte des Hauses.

Bei genauerem Hinsehen jedoch wird deutlich: Leben und damit auch Sterben findet an diesem Ort schon länger nicht mehr statt. Gras an der Hauswand wurde einige Zeit nicht geschnitten, die Holztreppe zur Eingangstür ist morsch, und an der linken Seite des Hauses erkennt man den verrosteten Rest von etwas, das einmal ein Mühlrad war. Das Wasser bahnt sich seinen Weg nun einige Meter entfernt. Auf allem liegt eine Patina, auch auf möglicherweise übersehenen Mordwerkzeugen. Dass niemand in der Mühle wohnen möchte, verwundert nicht angesichts der Geschehnisse im Sommer 1821.

Adresse Sculmserstrasse 111, 7402 Bonaduz | **Anfahrt** A13, Chur–San Bernardino, Ausfahrt Bonaduz, links auf H 13, nach 1,5 Kilometern rechts auf Versamer Strasse, nach 750 Metern links auf Tuleu, nach 450 Metern rechts auf Sculmserstrasse, nach 1,2 Kilometern links | **Tipp** Von der Mordgeschichte erholen kann man sich bei einem Spieleabend. Die nötige Munition gibt es in der Ludothek in Bonaduz. Von Online-Spielen über Holzbrettspiel bis zu Lego kann man hier alles ausleihen (Via Nurtal 1, Öffnungszeiten unter www.ludothek-bonaduz.ch).

10 Das gerettete Haus

Von der Sintflut verschont

Es regnete unaufhörlich. Hinzu kam der Föhn, der für plötzliche Schneeschmelze sorgte. Das liess kleinere Bäche und den Talfluss Maira derart anschwellen, dass die Überschwemmungskatastrophe vom 25. September 1927 als eine der schlimmsten in die Geschichte des Bergell einging.

Viele Menschen mussten mitansehen, wie ihre Häuser, Werkstätten oder Ländereien weggerissen wurden. Um ihren kleinen Acker bangte auch die 87-jährige Silvia Andrea, Schriftstellerin und Chronistin des Tals (siehe Seite 30). In Castasegna baute sie direkt am Flussufer Spargel, Johannisbeeren, Bohnen und Kartoffeln an. Traurigkeit ergriff die alte Dame, als der reissende Fluss ihren Acker mit sich riss, allein – ihre Existenz war dadurch nicht gefährdet. Und so empfand sie auch gleich wieder ein Schamgefühl ob ihrer Klage, als sie die dramatische Zuspitzung an anderer Stelle wahrnahm. Dem Haus am Dorfrand, das von drei Generationen der Familie Gianotti bewohnt wurde, war der tobende Fluss bedenklich nahe gerückt. Die Familienmitglieder waren auf die Strasse geflohen und bangten gemeinsam mit herbeigeeilten Menschen um ihr Hab und Gut. Im letzten Moment, bevor alles ein Opfer des Wassers geworden wäre, entspannte sich die Wetterlage, die Flut hielt inne, und das Haus war gerettet. Silvia Andrea dachte nicht mehr an ihren Acker und verfasste zu diesem Ereignis einen der letzten Texte ihres Lebens: «Das Tal der Maira».

Das Haus beherbergt heute das Hotel Garni Post, das von Nachkommen der Familie Gianotti geführt wird. Es präsentiert sich zur Dorfstrasse hin zweistöckig mit einer schmucken klassizistischen Fassade. Auf der Rückseite reicht es drei Etagen weiter hinunter – die zeigen dem Fluss eine kalte, schmucklose Wand. Wenn man die Maira im Tal hinter dem ausladenden Kreisverkehr und dem Zollgebäude fliessen sieht, erscheint es schwer vorstellbar, wie dieser Fluss so bedrohlich anschwellen konnte.

Adresse Villagio 2/Via Principale 2, 7608 Val Bregaglia-Castasegna | **Anfahrt** H 3, Maloja–Chiavenna, 2. Ausfahrt Castasegna, am Kreisverkehr 1. Ausfahrt auf Via Principale/Villagio | **Öffnungszeiten** Hotel ganzjährig (Nov. geschlossen), Café-Bar April–Okt. Mo–So 8–22 Uhr, Nov.–März Sa, So 8–12.30 Uhr | **Tipp** Wenige hundert Meter oberhalb der Hauptstrasse von Castasagna erstreckt sich einer der grössten Edelkastanienwälder Europas. Auch die traditionellen Hütten zum Trocknen der Kastanien werden hier noch genutzt (Ortsteil Brentan).

11 Die Villa Garbald

Arkadien für Kunst und Kultur

Da kreiert ein weltberühmter Architekt seinen einzigen Bau südlich der Alpen, da wo klassizistische Villen ihre Vorbilder haben – und dann hält er es nicht für nötig, sein Werk in Augenschein zu nehmen. Gottfried Semper kam nie nach Castasegna. Die Villa Garbald, die 1864 nach seinen Entwürfen fertiggestellt wurde, ist dessen ungeachtet schön und bildet mit ihrer floral umrankten Pergola und dem üppigen Garten einen lieblichen Kontrast zu den schroffen Granitgipfeln des Bergell. Den Talbewohnern muss sie wie eine Fata Morgana erschienen sein.

Ungewöhnlich wie das Bauwerk war auch die Familie des Auftraggebers. Der Zolldirektor Agostino Garbald bildete sich in naturwissenschaftlichen Dingen, seine Frau Johanna Garbald-Gredig schrieb Romane und Gedichte, die unter dem Pseudonym Silvia Andrea veröffentlicht wurden (siehe Seite 28). Als ältester Spross wuchs in dieses Bücher- und Wissensreich Andrea Garbald (1877–1958) hinein, der nach einer fotografischen Lehre zum Bildchronisten des Bergell wurde. Als Künstler zu Lebzeiten nicht sehr erfolgreich, lebte er mit einer Riesenschar Katzen und seiner Schwester ein Einsiedlerleben in der Villa. 1955 gründeten die Geschwister eine Stiftung, die wohl wie Garbalds Nachlass in Vergessenheit geraten wäre, hätte nicht der Fotograf Hans Danuser 1985 den Wert der Hinterlassenschaft entdeckt. Er entstaubte Bilder, Negative und Bücher und hauchte der Fondazione Garbald Ende der 1990er Jahre neues Leben ein.

In der Villa und dem «Roccolo» genannten Neubau im Garten, der an italienische Vogelfangtürme erinnern soll, ist ein Kulturort und Seminarzentrum entstanden. Es soll in der Tradition der hier gelebten geistigen Offenheit stehen – ein «Denklabor», wie es offiziell heisst. Umgeben von der Familienbibliothek und dem original Mobiliar des Wohnzimmers ist sicher gut philosophieren, kreieren, konferieren und workshoppen.

Adresse Villagio 5/Via Principale 5, 7608 Bregaglia-Castasegna | **Anfahrt** H3, Maloja–Chiavenna, 2. Ausfahrt Castasegna, im Kreisverkehr 1. Ausfahrt auf Via Principale/Villagio | **Öffnungszeiten** Besichtigung mit Führung Juni–Okt. Sa 15 Uhr, Nov.–Mai Do 15 Uhr, jeweils nach Voranmeldung unter Tel. 081/8381515, Dez. und Jan. keine Führungen, Raumanmietung unter Tel. s.o. | **Tipp** Von Andrea Garbalds Schwester Margherita stammt ein Wandteppich in der Chiäsa Granda im Nachbarort Stampa. Das Museum veranschaulicht zudem die bäuerliche Tradition des Bergell (Strada Principale 131, 7605 Bregaglia-Stampa, etwa Anfang Juni–Mitte Okt. Mi–Mo 14–17 Uhr, 15. Juli–15. Aug. Mi–Mo 11–17 Uhr).

12 Salecina

Luxus ohne Strassenanschluss

Es wirkt wie eine Chuzpe. Günstig Ferien machen im Oberengadin in Reichweite des mondänen St. Moritz. In Salecina ist dies möglich. Hier zahlen die Gäste für Übernachtung und Essen, so viel sie wollen oder können. Eine Untergrenze gibt es, doch die liegt in für die Region geradezu paradiesischen Bereichen. Hier sollen auch Menschen mit kleinem Salär ihre Ferien in schöner und naturnaher Umgebung verbringen können. Das war Zweck der 1972 als Stiftung gegründeten «Erholungs- und Bildungsstätte für Wenigbemittelte und Erholungsbedürftige». Ermöglicht werden die günstigen Preise durch die Selbstverwaltung der Gäste. Die lassen sich nicht einfach bedienen, sondern packen bei Essenszubereitung und Putzen mit an. Damit alles funktioniert, gibt es Arbeitspläne, in die sich jeder Gast wochenweise einträgt. Das spart nicht nur Kosten für Personal, es trägt auch zum Gemeinschaftserlebnis bei, und darum geht es an diesem Ort eben auch. Die Gäste schlafen mehrheitlich in Vier-Bett-Zimmern, manche gar im Zwölf-Bett-Schlafsaal. Es gibt aber auch Doppelzimmer.

Gründer der Stiftung sind der Buchhändler und Publizist Theo Pinkus und seine Frau Amalie Pinkus-De Sassi, die das über 300 Jahre alte Haus im Seitental, abseits aller Strassen, 1971 kauften. In den ersten Jahren organisierten sie hier auch politische Veranstaltungen mit prominenten Gästen. Der Philosoph Herbert Marcuse war zu Gast, ebenso Max Frisch, der die Hälfte seines Preisgeldes vom Friedenspreis des Deutschen Buchhandels der Stiftung spendete. Bei manchem in den umliegenden Gemeinden klingelten die Alarmglocken – man fürchtete einen linken «Think Tank».

Mittlerweile haben sich Haus und Umgebung aneinander gewöhnt. Dass man hier auch ökologische Impulse setzten möchte und das Haus umweltgerecht bewirtschaftet, erscheint angesichts der naturnahen Umgebung wohl auch dem grössten Konterrevolutionär wenig abwegig.

Adresse Salecina, 7516 Bregaglia-Maloja | Anfahrt H3, Maloja–Chiavenna, nach 500 Metern am Ortsausgang links auf Orden, nach 300 Metern parken, noch circa 700 Meter zu Fuss weiter | Öffnungszeiten ganzjährig, im Mai und November für einige Tage geschlossen (genaue Zeiten unter www.salecina.ch/) | Tipp Auf der Rückhaltemauer Orden, wenige hundert Meter talwärts, stehen neun farbige Säulen, eine Installation des Künstlers Gottfried Honegger zum 25. Jubiläum von Salecina und der Staumauer. Die Gedankenanstösse auf den Säulen stammen von Salecina-Urlaubern.

13 Das Segantini-Atelier

«Ich will meine Berge sehen!»

… sollen die letzten Worte von Giovanni Segantini gewesen sein, als er in einer zugigen Hütte auf dem Schafberg im Sterben lag. Der Maler ignorierte allzu lange Symptome einer Bauchfellentzündung, während er wie besessen an einem «Alpen-Triptychon» für die Pariser Weltausstellung im folgenden Jahr 1900 arbeitete. Erst als die Schmerzen unerträglich waren, wurden seine Söhne nach St. Moritz geschickt, um den Arzt zu holen. Doch der kam zu spät. Im Alter von nur 41 Jahren starb Segantini in den Bergen, die er so sehr liebte und für die er sich aufopferte. Vierzehn Stunden am Tag malte er an seinem Triptychon, das – obgleich unvollendet – auf der Weltausstellung auf Bewunderung traf.

Die Bergwelt war stetes Thema seiner pointillistischen Werke, mit felsigen Gipfelgraten, Bauern und Mägden in ihrem Arbeitsalltag, die samt Nutztieren eine harmonische Einheit mit der Kulturlandschaft bilden. Eine heile Welt, die Segantini künstlerisch wie persönlich aufgesogen hat und die so gar nicht zu seiner Kindheit zu passen scheint. Vielleicht liegt in ihr aber gerade die Suche nach dem Intakten begründet. 1866 wurde er mit acht Jahren Vollwaise, mit zwölf landete er in einer Mailänder Besserungsanstalt, wo ein Geistlicher sein künstlerisches Talent erkannte. Nach dem Besuch einer Kunstakademie zog er 1886 in die Schweizer Berge.

In Maloja, wo er bis zu seinem Tod 1899 wohnte, steht neben seinem letzten Wohnhaus ein Holzpavillon, den Segantini selbst baute und den er als Modell im Massstab 1:10 für den Weltausstellungspavillon ausmalen wollte. Denn ursprünglich sollte darin ein 360-Grad-Panorama der Engadiner Gebirgslandschaft entstehen – mit 70 Metern Durchmesser! Tatsächlich hat er in dem Atelier kaum gemalt, es diente als Bibliothek und Lager. Heute sind hier persönliche Gegenstände des Malers, wie der Rucksack, mit dem er auf seine geliebten Berge zog, und Wechselausstellungen zu Giovanni Segantini und seiner Familie zu sehen.

Adresse Hauptstrasse, 7516 Bregaglia-Maloja | **Anfahrt** H 3, St. Moritz–Chiavenna, in Maloja, hinter der Postauto-Haltestelle Posta rechts | **Öffnungszeiten** Anfang Juni–Mitte Okt., 26. Dez.–Ostern Mi, Sa, So 16–18 Uhr sowie auf Anfrage unter Tel. 081/8243354 oder 079/4422723 | **Tipp** Etwas oberhalb von Maloja liegen beeindruckende Gletschermühlen, die an den Hunderte Meter dicken Eispanzer erinnern, der einst das Tal bedeckte. Der «Sentiero Segantini», der neben dem Atelier beginnt, führt zu dem Naturdenkmal.

14 Der Pass Lunghin

Entscheidung im Tiefschnee

Man stelle sich einmal vor, man sei ein Regentropfen und fiele aus seiner Wolke nicht irgendwo hinab, sondern genau hier, am Pass Lunghin: Man käme in den Genuss einer besonderen Wahl – nimmt man den Weg nach Süden zum Mittelmeer, nach Norden zur Nordsee oder nach Osten, wo es ins Schwarze Meer geht? Nur ein paar Zentimeter mehr in die eine oder andere Richtung und die Reise nimmt einen gänzlich anderen Verlauf.

Wer sich nach Süden wendet, scheint es besonders eilig zu haben, in tiefe Regionen zu kommen. Beinahe senkrecht geht es hinab ins Bergell, und nach weniger als 70 Kilometern geniesst man als Wassertropfen warmes Klima und Zitronenblüte am Comer See. Nach Norden geht es schon bedächtiger. Entscheidet sich ein Tropfen für diesen Weg, durchfliesst er Hochtäler und wilde Schluchten, später den Bodensee und sieht grosse Industriestädte. Am gemächlichsten reist es sich gen Osten – durch das sonnendurchflutete Engadin, später den Inn hinab und lange Zeit von Bergen begleitet, geht es in der Donau über viele Länder ins Schwarze Meer.

Doch genug des Geografie-Diskurses. Die meiste Zeit des Jahres fliesst am Pass Lunghin recht wenig. Die Tropfen, die später Flüsse und Meere füllen, sind auf 2.645 Meter in Schneekristallen gebunden. Selbst im Hochsommer verschmilzt eine weisse Decke derart mit dem suppigen Himmel, dass es kein Oben und Unten zu geben scheint und man den genauen Ort des Europäischen Wasserscheidepunktes suchen muss. Wegmarkierungen auf den Felsen sind vom Schnee bedeckt. Hat man, von Maloja aufsteigend, den Lunghinsee passiert, hat man die Wahl zwischen felsigem Grat nebst 1.000-Meter-Abgrund oder sanft aufsteigendem Schneefeld, in dem man tief einsinkt – beides ist knifflig. Nur am Pass selbst weisen Schilder auf das Besondere des Ortes hin. Im Spätsommer und Frühherbst ist der Weg dagegen meist schneefrei und der Pass ohne Probleme zu erreichen.

Adresse Capolago, 7516 Bregaglia-Maloja | Anfahrt H 3, St. Moritz–Chiavenna, am Ende des Silser Sees vor den ersten Häusern von Maloja rechts parken, Wanderung zum Lunghinsee (ausgeschildert) circa 1,5 Stunden, weiter zum Pass Lunghin eine Dreiviertelstunde (ohne Schnee) | Tipp Zwischen dem Silser See und dem Ort Maloja liegt das Maloja Palace Hotel. Um das etwas überdimensioniert wirkende Gebäude ranken sich Legenden um aristokratische Festgelage. Ein belgischer Graf liess es Ende des 19. Jahrhunderts für Europas Adel bauen.

15 Der Blick auf die Piz-Badile-Nordostwand

Pioniertat mit Flusstaufe

Hätte es Anfang der 1950er Jahre bereits Sponsoring für sportliche Sensationstaten gegeben, Hermann Buhl hätte ein Stück vom Kuchen abbekommen und seine knappe Kasse auffüllen können. Allerdings böte seine Geschichte heutzutage dann auch keinen so staunenerregenden Stoff für Uneingeweihte.

Zwar war die erste Alleinbegehung der Nordostwand des Piz Badile 1952 für sich genommen schon eine Pioniertat fürs alpinistische Geschichtsbuch – gehört die Wand doch zur «erweiterten Gruppe», will sagen zu den grossen Sechs unter den Alpen-Nordwänden. Herausragend wird Buhls Tat jedoch erst durch die Umstände. An einem Freitagnachmittag nach der Arbeit reiste Buhl, der als Bergführer finanziell gerade so über die Runden kam, mit der Bahn von seiner Heimatstadt Innsbruck nach Landeck, schwang sich aufs Fahrrad, radelte das Inntal bis zur Schweizer Grenze hinauf und schlief am Strassenrand. Am nächsten Tag absolvierte er die restlichen 120 Kilometer über den Malojapass ins Bergell. Dort stieg er umgehend zur Sciorahütte in 2.100 Meter Höhe auf. Nach einer Nacht, die um zwei Uhr enden sollte – Buhl verschlief und wachte erst um vier auf –, bezwang er die Badile-Nordostwand innerhalb von nur viereinhalb Stunden. Nach dem Abstieg – Pausen sind etwas für schwache Zeitgenossen – bestieg er umgehend wieder das Fahrrad, quälte sich den steilen Malojapass hinauf und radelte den ganzen Weg zurück. So ein Programm haut auch den stärksten Mann um. Kurz vor dem Ziel fiel der nimmermüde Buhl in einen Sekundenschlaf und nahm ein unfreiwilliges Bad im Inn. Nass, mit kaputtem Rad, aber nur leicht lädiert kam er zu Hause an. Ein Jahr später bestieg Buhl als Erster den Nanga Parbat.

Wie steil die Nordostwand des Piz Badile ist, kann man im Querschnitt von den Wiesen oberhalb Soglios aus sehr schön erkennen.

Adresse Lo 130 / Carnella, 7610 Bregaglia-Soglio | Anfahrt H 3, Maloja – Chiavenna, Ausfahrt Spino, rechts über die Brücke, gleich wieder links, nach 300 Metern rechts nach Soglio, nach 2,8 Kilometern am Ortsrand parken, weiter auf Carpeia, nach 100 Metern links, an der Kirche links halten, nach 120 Metern geradeaus auf Lo bis zum Dorfausgang | Tipp Von Soglio aus kann man den Panoramaweg «Via Bregaglia» auf der nördlichen Talseite entlang bis Casaccia wandern. Die spektakuläre Sciora-gruppe mit dem Piz Badile hat man dabei stets im Blick.

16 Die Mammutbäume

«Verzaubertheit» im Palastgarten

«Willst du ein Leben lang glücklich sein, dann leg' einen Garten an», sagt ein Sprichwort. Und wahrlich, wenn man den Garten des Palazzo Salis in Soglio betritt, hat man das Gefühl, der Kurzlebigkeit des Alltags zu entfliehen. Hinter dem Palast verborgen und von den steil aufragenden Bergen eingezwängt, liegt die barocke Anlage: mit einer grossen Pflanzenvielfalt auf kleiner Fläche. Buchshecken ordnen die Fläche in verschiedene Teile mit kleinen Wiesen und einzelnen Obstbäumen. Überall spriessen bunte Blütenstauden. Rosenbögen schaffen eine verwunschene Stimmung, wuchernde Büsche wirken wild und naturnah. Als markanter Abschluss stehen zuhinterst zwei Mammutbäume, die 1884 aus Nordamerika importiert wurden. Vor allem einer von ihnen wächst monumental und wie eine Skulptur über Palazzo und Dorf hinaus, seit der andere wegen Krankheit gestutzt werden musste. Er behütet bis heute den Garten als Ort der Stille und Kontemplation. Das erkannte schon Rainer Maria Rilke, der 1919 eine Zeit lang im Palazzo Salis wohnte, die abgeschiedene Lage im «Ruhe-Ort» lobte, sich jedoch darüber mokierte, dass auch andere Reisende die Schönheiten des Bergell aufsuchten: «Schade, dass, trotz der unbequemen Post- und Wagenverbindung, ab und zu ein Touristenschwarm sich über diese Verzaubertheit blindlings niederlässt.»

Die Gartenbaukunst hat im Bergell, wo alpine und mediterrane Natur aufeinandertreffen, eine lange Tradition. Anlagen aus verschiedenen Epochen spiegeln kulturelle und gesellschaftliche Entwicklungen wider. Selbst in den verschachtelten Dörfern verstecken sich hinter Häusern noch kleine Bauerngärten. Die prächtigsten Gärten finden sich aber bei den Palazzi der Adelsfamilie Salis.

Wie gut, dass die Familie mit Jane Bihr-de Salis eine Landschaftsarchitektin in ihren Reihen hat, die alljährlich im Frühjahr mit dafür sorgt, dass der Garten in neuem alten Glanz erstrahlt. Denn nach einem langen Winter müssen stets Hecken beschnitten, Pflanzen ersetzt und Wege aufgeräumt werden.

Adresse Plazza 2, 7610 Bregaglia-Soglio | **Anfahrt** H 3, Maloja–Chiavenna, Ausfahrt Spino, rechts über die Brücke, gleich wieder links, nach 300 Metern rechts nach Soglio, nach 2,8 Kilometern am Ortsrand parken, weiter auf Carpeia, nach 100 Metern links, an der Kirche links halten, nach 120 Metern rechts | **Öffnungszeiten** des Gartens etwa April–Okt. 11.45–19 Uhr (Restaurantbetrieb im Garten Juni–Okt. 11.45–17 Uhr, genaue Zeiten unter Tel. 081/8221208) | **Tipp** Vor den Türen des Palazzo Salis breitet sich das malerische Soglio aus. Durch die kleinen Gassen mit urigen Holzhäusern zu schlendern, ist ein Vergnügen.

17 Die Alp Sovrana

Das Vermächtnis der «Langen Heidi»

Ein stiller Talschluss fernab allen Verkehrs. Im Sommer weiden unzählige Schafe, Ziegen und Rinder auf den Alpflächen. Bergidylle pur. Doch Mitte der 1980er Jahre sollte hier, im hintersten Val Madris, einem Seitental des Avers, das aber zur Gemeinde Bregaglia gehört, damit Schluss sein. Ein riesiger Pumpspeichersee mit 163 Meter hoher Staumauer war im Bereich der Alpen Sovrana und Preda geplant. Dagegen formierte sich heftiger Widerstand unter Umweltschützern und den Hirten, die ihre Weideflächen nicht aufgeben wollten.

Kreativer Ausdruck ihres Protestes war eine fast vier Meter hohe Steinfrau am Berghang oberhalb der Alp Sovrana, die «Lange Heidi». Die Figur erinnert an die überall in den Alpen zu findenden Steinhaufen, die «Steinmannli», die kultischen Ursprungs sind oder Wanderern den Weg weisen. Dass in diesem Fall eine weibliche Steingestalt mit herausragenden Steinplatten als Brüste errichtet wurde, war dem grossen weiblichen Anteil unter den Aktivist(inn)en geschuldet. Mit einem Marsch von über 100 Hirtinnen und Sympathisantinnen über den 2.700 Meter hohen Prasignolapass ins Bergell und Protestaktionen bis nach Zürich machten sie überregional auf ihr Anliegen aufmerksam. Der Protest zahlte sich aus – die Kraftwerkspläne wurden aufgegeben.

Im Talschluss steht nebst einer Alphütte eine Steinfigur, die an dieser Stelle keine Funktion innehat. Vielleicht fungiert sie ja als eine Mahnung an den Geist der «Langen Heidi», denn die ist mittlerweile ein jammervoller, in sich zusammengefallener Haufen. Wind, Schnee und Kälte konnte die grossgewachsene Dame auf Dauer nicht trotzen. Von der Alp Sovrana aus sind ihre Reste auf einem unbefestigten, sumpfigen Pfad erreichbar. Sollten die Kraftwerkspläne eines Tages aus der Schublade gezogen werden, braucht es erneut mutige Hirtinnen und Hirten, die Heidis Enkelin aufstellen.

Adresse Alp Sovrana, 7610 Bregaglia-Soglio-Madris | Anfahrt A13, Chur – Bellinzona, Ausfahrt Rofla/Avers-Juf, links Richtung Avers-Juf, nach 15 Kilometern in Avers-Cröt rechts nach Madris, nach 4 Kilometern am Hof Madris parken, zu Fuss circa 6 Kilometer weiter bis zum Talschluss (zur Gemeinde Bregaglia gehörend) | Tipp Am Eingang zum Val Ferrara, auf dem Weg ins Avers, liegt neben der Strasse die Schmelzra, Überrest eines mindestens 400 Jahre alten Eisenschmelzwerks. Vom Parkplatz dahinter geht es zum «Magic Wood», einem Paradies für Boulderer.

18 Die Albigna-Staumauer

Kathedrale der Technik

Es tropft von der Decke. Das ist normal: Wasser aus dem Stausee sickert überall durch die Mauer – drei Liter pro Sekunde dürfen es sein. Ob sich die Menge konstant hält, wird an vier zentralen und vielen kleineren Messstellen für Sickerwasser regelmässig überprüft, über viele Drainageschächte wird Wasser abgelassen. Beruhigend. Die Decke liegt übrigens in 80 Metern Höhe. Man steht in einem der grössten von 28 Hohlräumen der Staumauer. Nach oben verjüngt sich der Raum und wirkt wie eine futuristische Technik-Kathedrale. Über viele Stufen geht es bis auf die obere Ebene, wo man sie in einem Gang der Länge nach durchschreitet. So erfährt man zu Fuss die Ausmasse der Anlage: 115 Meter hoch und 759 Meter breit ist sie.

In der Albigna-Staumauer bietet sich bei einer Führung die Gelegenheit, zu sehen, dass so ein Bauwerk nicht nur eine dicke Wand ist, die Wassermassen zurückhält – hier sind es immerhin 70 Millionen Kubikmeter –, sondern dass ihr Inneres ein Eigenleben hat und darin technisch anspruchsvolle Einrichtungen untergebracht sind.

Der Bau der Mauer zwischen 1955 und 1959 war ein wahrer Kraftakt. Drei Seilbahnen wurden dafür eigens errichtet, mit der Traglast-stärksten wurden ganze Lkw voller Baumaterial auf den Berg gehievt – allerdings nur bis auf halbe Höhe. Dort ging es dann auf halsbrecherischer Route am Abgrund bis auf die Höhe von 2.165 Metern weiter.

Der Aufwand hatte seinen Grund: Immer wieder hatten schwere Überschwemmungen das Bergell heimgesucht und starke Schäden verursacht (siehe Seite 28). Die von den steilen Bergen hinunterrauschenden Wassermassen sollten fortan reguliert und gleichzeitig zur Energiegewinnung genutzt werden. Als 1987 Regen- und Schmelzwasser zu starken Überschwemmungen in Nachbartälern führte, bewahrte die Albigna-Staumauer das Bergell vor solchen Auswirkungen, indem sie die Wassermassen zurückhielt.

Adresse Albigna-Luftseilbahn, Pranzaira, 7603 Bregaglia-Vicosoprano | Anfahrt H 3, Maloja–Chiavenna, nach 10,5 Kilometern in Pranzaira an der Seilbahn-Station parken | Öffnungszeiten Betriebszeiten der Seilbahn etwa Mitte Juni–Mitte Okt. 7–11.30 und 13.15–16.45 Uhr, Führungen Mitte Juni–Mitte Okt, Di 9 Uhr (Anmeldung erforderlich unter Tel. 058/3196414) | Tipp Vom Albigna- und anderen Stauseen wird Wasser über ein System von Druckstollen zu den Kraftwerken Löbbia geleitet und dort von gewaltigen Turbinen zu Strom umgewandelt. (Führungen Juni–Okt., Infos unter Tel. 058/3196414).

19 Die Folterkammer

Lieber gleich gestehen

«Hexenprozesse? Das ist doch tiefstes Mittelalter», wird allgemein gerne angenommen. Tatsächlich kam die Hexenverfolgung nach der Wende zur Neuzeit erst richtig in Mode. Auch in Vicosoprano, dem Bergeller Gerichtsort, hatte die Verfolgung Mitte des 17. Jahrhunderts Hochkonjunktur: Zwischen 1654 und 1670 wurden 53 Todesurteile gefällt, davon 48 gegen Frauen. Wer Statistiken zur Geschlechterverteilung bei schweren Verbrechen liest, kommt ins Grübeln.

Wahrscheinlich ging jedem Todesurteil ein astreines Geständnis voraus. Streitete die Verdächtige die Anschuldigungen ab? – Kein Problem, setzte man doch einfach die Schädelschraube an. Ein metallenes Stirnband, das auf der Innenseite über Dornen verfügt und das sich langsam enger um den Kopf ziehen lässt, weckte die Erinnerung an so manche Tat – ob man sie nun tatsächlich begangen hatte oder nicht. Ähnlich wirkte die Halskrause, die nicht nur Schmerzen, sondern auch gehörige Verletzungen zufügte. Vielleicht war ein rechtzeitiges Geständnis ratsam?

Körperlich nicht so schmerzhaft, dafür höchst demütigend war die Schandmaske. Eine Person musste, an den Pranger gestellt, tagelang diese eiserne Maske tragen, die mit Symbolen der zur Last gelegten Tat geschmückt war und das Antlitz des Trägers ins Lächerliche verzerrte. Zusätzlich hing oft ein Schild mit Hinweis zur vermeintlichen Schuld um den Hals. Die Opfer waren dem Spott der Bevölkerung ausgesetzt, von ihrer Marter kündet der Pranger an der Aussenmauer des Pretorio Vicosoprano. Im Inneren wurde gefoltert, seit Ende des 16. Jahrhunderts die Justiz hier einzog und Verliese eingerichtet wurden.

Allerlei Folterwerkzeuge und wechselnde Ausstellungen zur Talgeschichte werden im Pretorio gezeigt. Jede Idee von der guten alten Zeit wird in der Schädelschraube zermalmt. Auf einem Sgraffito an der Aussenmauer ist Justitia dargestellt – ohne Binde vor den Augen. Eine passende Metapher.

Adresse Strada Principale 79, 7603 Bregaglia-Vicosoprano | **Anfahrt** H3, Maloja – Chiavenna, nach 13 Kilometern rechts auf Strada Principale, parken, zu Fuss 200 Meter weiter | **Öffnungszeiten** April oder Mai – Mitte Okt. (je nach Witterung) Mo – So 9 – 19 Uhr (genaue Tage und Führungen unter Tel. 081/8221555) | **Tipp** Im Wald von Cudin stehen mitten auf einer Wiese zwei Galgenpfeiler. Viele Hexenprozessopfer wurden hier begraben. Daneben gibt es eine Picknickmöglichkeit und Feuerstelle (vom Parkplatz über die Hauptstrasse, rechts halten, etwa 100 Meter in den Wald).

20__Der Russ im Bergell

Die Erstbesteigungen des Mehlsacks und seines Feldmarschalls

... sollten der Welt bekannt werden, so meinte zumindest der «Mehlsack» unter den beiden, der russische Adlige Anton von Rydzewski. Er erstellte ein Manuskript zu den Grosstaten, die er als Bergsteiger-Tourist mit seinem einheimischen Führer Christian Klucker vollbrachte. «Schurkische Lobhudelei» warf jener ihm später vor.

Ob der Vorwurf berechtigt war? Fest steht: Die Erlangung alpinistischen Ruhms war Hauptmotiv für Rydzewskis unzählige Bergtouren. Der Generalssohn und Finanzbeamte entdeckte im zarten Alter von 50 Jahren seine Liebe zur Hochgebirgswelt. Da ihn insbesondere Erstbesteigungen lockten, zog es ihn um 1890 ins Bergell, wo er noch reichlich Terra incognita wähnte. In seinem Alter avancierte er nicht über Nacht zum Klettertalent und brauchte daher einen guten – und verständnisvollen – Bergführer, der einem Möchtegern-Alpinisten den senkrechten Weg ebnete und überdies militärisches Herrschergehabe ertrug sowie den Drang, als Erster, also vor dem Bergführer, den Fuss auf jungfräuliche Gipfel zu setzen.

Er fand seinen Begleiter im erfahrenen Klucker, und zusammen erklommen sie einige unbestiegene Gipfel. Über zehn Jahre verband die zwei eine Art Hassliebe. Hier der Mann aus den Bergen, der keinen Standesdünkel kannte, seinen Herrn despektierlich «Mehlsack» nannte und ihn in der Felswand kommandierte, woraufhin er von jenem als «Feldmarschall» tituliert wurde; auf der anderen Seite der standesbewusste Aristokrat, der von Bediensteten Gehorsam erwartete.

Mit der Kamera, die von Klucker getragen werden musste, hielt der «Russ im Bergell», als der Rydzewski in die alpinistische Kulturgeschichte einging, die Schönheiten der Bergwelt fest. Sein Manuskript indes wurde nie als Buch verlegt.

Auf einer Wanderung von der Bergstation der Albigna-Seilbahn am Stausee vorbei über den Casnilpass zum Fornogletscher wandelt man auf den Spuren des ungleichen Duos.

Adresse Albigna-Luftseilbahn, Pranzaira, 7603 Bregaglia-Vicosoprano | **Anfahrt** H 3, Maloja–Chiavenna, nach 10,5 Kilometern in Pranzaira an der Seilbahn-Station parken | **Öffnungszeiten** Betriebszeiten der Seilbahn etwa Mitte Juni–Mitte Okt. 7–11.30 und 13.15–16.45 Uhr | **Tipp** Anton von Rydzewski residierte stets im Hotel Bergeller Hof in Promontogno, einem Haus, das die Belle Epoque aufs Beste nachempfinden lässt. 2014 hat es neu als »Hotel Bregaglia« eröffnet (Via Principale, 7606 Bregaglia-Promontogno, Juni–Sept., Restaurant auch im Winter geöffnet).

21 Der Waltensburger Meister

Hochgeachteter, unbekannter Maler

Wer mit seinen Werken in der heutigen Kunstwelt Anerkennung findet, muss einiges an Energie aufwenden, will er anonym bleiben. Der britische Street-Art-Künstler Banksy zum Beispiel hat es regelrecht kultiviert, sich dem Kunstbetrieb zu entziehen. Im Hochmittelalter war dies ob der eingeschränkten Kommunikationstechnologie einfacher. Dass jedoch von einem der wichtigsten Vertreter der Malerei seiner Zeit weder Name noch Herkunft noch sonstiges Persönliches überliefert ist, ist auch für diese Epoche ungewöhnlich.

Der unbekannte Künstler, der an vielen Orten Graubündens wirkte, heisst für die nachfolgenden Generationen einfach der «Waltensburger Meister» – und das aus dem einfachen Grund, dass in der reformierten Kirche von Waltensburg sein bedeutendstes Werk zu sehen ist. Die Innenseite der Kirchen-Nordwand ist in ihrer gesamten Breite von einem Passionszyklus aus seiner Hand bedeckt. In zwei übereinander liegenden Reihen wird die Leidensgeschichte Christi erzählt. Die einzelnen Bilder gehen dabei ineinander über, man muss die obere Reihe von links nach rechts und anschliessend unten von rechts nach links lesen: Abendmahl, Fusswaschung, Judaskuss, Gefangennahme, Dornenkrönung, Kreuzweg, Kreuzigung. Die Figurendarstellungen sind für ihre Zeit eindrucksvoll. Auch Teile der anderen Wände wurden vom Waltensburger Meister bemalt. Er muss hier viel Zeit verbracht haben und hat sein Werk vermutlich mit Gesellen-Unterstützung geschaffen.

Was ihn nach Waltensburg, in das Dorf abseits der Verkehrsströme, brachte, ist rätselhaft, ebenso, wer seine Dienste hier bezahlen konnte. Die Malereien in der Waltensburger Kirche stammen von etwa 1330. Man vermutet die Herkunft des Malers in der Bodensee-Region, es gibt jedoch auch andere Meinungen. Möglicherweise bereitete es ihm ähnlich wie manch heutigem Star Vergnügen, der Kunstwelt Rätsel aufzugeben.

Adresse Cadruvi, Breil/Brigels-Waltensburg/Vuorz | **Anfahrt** H 19 Ilanz–Disentis, nach 6 Kilometern rechts nach Waltensburg, nach 1,5 Kilometern links halten, auf die Hauptstrasse Cadruvi | **Öffnungszeiten** Mo–So 9–19 Uhr | **Tipp** Das Museum «Meister da Vuorz» direkt gegenüber der Kirche vermittelt einen Eindruck von der Bedeutung des Waltensburger Meisters und seinem Umfeld (geöffnet in den Sommermonaten Juni–Okt., https://www.waltensburger-meister.ch/museum/).

22 Der Grotti-Weg

Ein Luftloch für die Haltbarkeit

Hoch die Tassen! Wenn etwas vom Rotwein verschüttgeht, macht es nichts. Ja, Rotwein aus Tassen gibt es hier, und auf empfindliches Inventar muss nicht geachtet werden in den Outdoor-Schenken der Grotti. Das macht einen Feierabend mit Salsiz und Wein vor den kleinen steinernen Hütten im Kastanienhain ganz entspannt. Früher, bevor es Kühlschränke gab, lagerte man in den Grotti Käse, Wurst, Gemüse, Früchte, Wein und vieles mehr. Eine ganze Siedlung von ihnen liegt am Hang oberhalb von Cama. Dass sie alle – ganze 46 sollen es sein – so dicht beieinanderstehen, hat einen guten Grund: Ihre geografische Mikrolage bot beste Bedingungen für die Lagerung und Frischhaltung von Lebensmitteln. In grauer Vorzeit nämlich ereignete sich hier ein Bergrutsch, und wo die Felsbrocken ins Tal kullerten, klaffen zwischen ihnen seither Klüfte im Berghang, durch die beständig ein kühler Luftzug weht – im lokalen Dialekt «Fiadiré» genannt. Der ist in den Grotti spürbar und sorgt in ihrem Inneren für konstante Temperaturen – je nach Position, knapp über der Erde oder darunter, zwischen drei und zwölf Grad Celsius.

Vermutlich lagerten schon die Römer Lebensmittel auf diese Weise, die vorhandenen Grotti stammen jedoch aus dem 17. Jahrhundert. Im oberen Stockwerk der Bauten, die in Privatbesitz waren, wurde Wein gegoren, der auf den umliegenden gemeindeeigenen Lagen angebaut wurde.

Nach dem Siegeszug des Kühlschranks und der Aufgabe landwirtschaftlicher Flächen verloren die Bauten ihre Funktion und verkamen zusehends. Eine 2004 gegründete Stiftung rekonstruierte die Grotti, seither werden die archaischen Bauten auch auf einem Lehrpfad erschlossen, der einige Meter oberhalb des untersten Grotto (Milesi Belloli) verläuft. Auf Terrassen unter Bäumen kann man vor mehreren Grotti zum Wein kalte Platten oder Polenta und Wildspezialitäten geniessen – ein Vergnügen, wenn im Tal die Sommerhitze wabert.

Adresse Ai Grotti, Via Aosa, 6557 Cama | Anfahrt A13, San Bernardino – Bellinzona, Ausfahrt Lostallo, rechts Richtung Lostallo, nach 250 Metern links auf H 13, nach 6 Kilometern rechts auf Via Aosa, nach 150 Metern links, vor dem Grotto Milesi Belloli parken, links daran vorbei zum Grotti-Weg 100 Meter weiter oben | Öffnungszeiten Grotto Milesi Belloli Do – So 11 – 13 und 18 – 22 Uhr, meistens auch nachmittags geöffnet | Tipp Der Merlot-Wein von Eligio Boldini in San Vittore-Monticello wird nach der Methode, wie sie in den Grotti üblich war, produziert. Er trägt den Fiadiré-Luftzug im Etikett.

23__Die Fontäne

Anstössige Wasserfreuden

Die Alpen sind ein riesiges Wasserreservoir. Da wundert es nicht, dass man inmitten der Berge freigiebig mit dem kühlenden Nass umgeht. In Chur gibt es ganze 125 öffentliche Brunnen, zwei Dutzend finden sich allein in der Altstadt. In der Gestaltung spiegeln sich Kulturepochen, Zeitgeist und persönliche Geschmäcker wider.

Auf Jacques Ambrosius von Planta geht der Brunnen am Postplatz zurück. Der Kaufmann aus einer alten Bündner Adelsfamilie kam als weitgereister Mann zurück in die Heimat – in Ägypten hatte er im Baumwollhandel ein Vermögen verdient. Dort liess er sich offenbar durch mediterran-antike Repräsentationslust inspirieren. Deren bauliche Zeugen in Chur wurden eine Villa, die den Namen seines Adelsgeschlechts tragen sollte und die heute das Bündner Kunstmuseum beheimatet, ein Sommerchalet sowie ein Musikpavillon. Am Rand der Anlage liess Planta einen Brunnen bauen, der an sinnlich-südliche Körperbejahung erinnert. Eine Quellnymphe krönt die Fontäne am Postplatz, sie offenbart mehr Körperteile als es dem Sittlichkeitsempfinden in der Bergmetropole Chur Ende des 19. Jahrhunderts entsprach. Der blossliegende Busen der gusseisernen Figur empörte viele Bürger.

Derlei Animositäten dürften zumindest bei eisernen Frauen in der heutigen Zeit nicht mehr aufkommen. Dafür gibt die Position des Brunnens Anlass zur Sorge, denn am verkehrsreichen Postplatz ist er stark an den Rand gedrängt. Gegenüberliegende Fussgängerampeln oder allgemein der vorbeifliessende Verkehr machen ihm die Aufmerksamkeit der Passanten streitig. Hin und wieder jedoch beweist die Nymphe ihre Anziehungskraft auf Lebewesen verschiedener Art. So soll es nachts des Öfteren zu skurrilen Streitszenen in ihrem Angesicht kommen. Auch verirrten sich einmal zwei Forellen in das Brunnenbecken. Man setzte die armen Tiere alsbald in einem natürlicheren Gewässer aus.

Adresse Adresse Postplatz, 7000 Chur | **ÖPNV** Bahnhof Chur, Bus 9 (vom Bahnhofplatz), Haltestelle Fontanaplatz | **Anfahrt** A 13, Sargans – San Bernardino, Ausfahrt Chur-Nord, Richtung Fontanaplatz, nach 2 Kilometern im Kreisverkehr 3. Ausfahrt, Parkhaus «Obere Quader», zu Fuss weiter auf Masanserstrasse, nach 150 Metern rechts auf Grabenstrasse | **Tipp** Sehr gute regionale und mediterrane Küche mit saisonalen Zutaten gibt es in der Brasserie Süsswinkel (Süsswinkelgasse 1, über Storchengasse zur Reichsgasse, Di – Fr 11.30 – 14.30 und 18 – 23 Uhr, Sa 18 – 23 Uhr).

24 Der Hof

«Kleine Vatikanstadt»

... wurde er schon genannt, der Hof in Chur. Während sich die restliche Stadt Anfang des 16. Jahrhunderts dem reformierten Glauben zugewandt hatte, blieb der Hof noch mehr als drei Jahrhunderte lang dem Bischof unterstelltes katholisches Territorium. Mit einem Reichslehen ausgestattet, war das Quartier auf einem Felssporn über der Stadt schliesslich von der städtischen Bürgerschaft unabhängig. Erst im Jahr 1852 endete dieser Status.

Eine erste Basilika an dieser Stelle wurde bereits um 450 erbaut. Zwischen 1150 und 1272 entstand dann die Kathedrale St. Mariä Himmelfahrt. Auf der gegenüberliegenden Seite des Hofs schliessen ihn die Domherrenhäuser und der aus der Barockzeit stammende Schlossbau des Diözesanbischofs nach Norden hin ab. Die Kathedrale ist äusserlich im schlichten romanischen Stil gehalten, innen finden sich Säulen, Altäre, Fresken und Deckengemälde aus verschiedenen Epochen. Vom Hauptportal aus links hängt eine grosse Grabplatte für den Bündner Freiheitskämpfer Jörg Jenatsch, den man hier unter dem Steinboden vermutet.

Jenatsch führte die Bündner Truppen an, die im Dreissigjährigen Krieg erst die Habsburger und später die Franzosen aus dem Land vertrieben (siehe Seite 118). Er wurde 1639 im Wirtshaus «Staubiges Hüetli» mit einem Beil erschlagen. Sein mutmassliches Skelett, das bereits mehrfach exhumiert wurde, weist Spuren solcher Gewaltanwendung auf, und auch weitere Indizien wie Kleidung und Alter sprechen dafür, dass es sich hier um Jenatsch handelt. Eine DNA-Analyse konnte jedoch keinen endgültigen Aufschluss geben. Zwar liess sich per Computertomografie des Schädels das Äussere des Verstorbenen rekonstruieren, doch weiss niemand, wie Jenatsch genau aussah. Ungeklärt bleibt dabei auch die Frage, ob es sich bei dem Mann wirklich um einen edlen Freiheitskämpfer handelte oder doch eher um einen herrschsüchtigen Intriganten – die Meinungen hierzu gehen auseinander.

Adresse Hof 18, 7000 Chur | ÖPNV Bahnhof Chur, Bus 9 (vom Bahnhofplatz), Haltestelle Hof | Anfahrt A13, Sargans–San Bernardino, Ausfahrt Chur-Nord, Richtung Zentrum, im 3. Kreisverkehr 1. Ausfahrt auf Grabenstrasse, nach 600 Metern im Kreisverkehr 2. Ausfahrt auf Lindenquai, nach 220 Metern links auf Metzgerbrücke, rechts auf Plessurquai, nach 300 Metern leicht links auf St. Luzistrasse, nach 450 Metern links auf Hof | Öffnungszeiten Mo und Mi–So 7–19 Uhr, Di 8–19 Uhr | Tipp Vor dem Gebäude der Graubündner Kantonalbank in der Poststrasse steht einer der vielen Brunnen der Stadt Chur: Die «Tränen der Lukrezia» heisst er – ebensolche soll die Namensgeberin, welche die Geliebte von Jörg Jenatsch war, über dessen Tod vergossen haben.

25 Die Klibühni

Die Szene-Aufmischer

... begannen ihre Revolution in den Räumen der altehrwürdigen Schneiderzunft, hinter historischer Fassade, ausgerechnet am Aufgang zum ehemals bischöflichen Hof (siehe Seite 56). Sie waren wenige, aber sie hatten einen Plan: Die Kulturschaffenden, die das vorhandene Theaterangebot von Chur in den 1970er Jahren als provinziell, muffig und verstaubt empfanden, gründeten kurzerhand ihre eigene Bühne. Mit der «Klibühni Schnidrzunft» schufen sie 1974 einen Ort, an dem überkommene Konventionen und wirtschaftliche Zwänge keine Rolle spielen und der für neue Formen von Theater offen sein sollte. Man improvisierte mit vorgegebenen Texten, produzierte eigene Stücke und veranstaltete Theaterfestivals auf den Plätzen der Altstadt. 1981 gründeten Beteiligte der Klibühni die «Freilichtspiele Chur», um ihre Eigenproduktionen in grösserem Rahmen aufführen zu können und mehr Aufmerksamkeit zu gewinnen. Die Freilichtspiele werden heute von anderer Stelle organisiert. Während sie im Sommer die Plätze der Stadt beleben, ist in der Klibühni «Höflibeiz» angesagt – dann wird im schmucken Innenhof mit Laubengang zu günstigen Preisen lecker aufgetischt, der Erlös kommt dem Verein Klibühni zugute. Kurz vor und nach der Sommerpause wird der Hof zur Bühne. Ansonsten finden die Aufführungen in der Zunftstube statt.

Theater der traditionellen Art wechselt mit Kleinkunst, Cabaret und Pantomime, Lesungen und Konzerten – der Bogen der verschiedenen Kunstformen ist weit gespannt auf der Klibühni. Klassisches Theater findet jedoch auch immer wieder seinen Weg hierher, so wurden schon Stücke von Max Frisch, Tennessee Williams, Ödön von Horváth oder Heiner Müller gegeben.

Ein Ensemble gibt es nicht. Vier feste Mitarbeiter kümmern sich um Technik und Organisation und bieten den gastierenden Schauspielern, Performern und anderen Künstlern eine offene Atmosphäre und stimmungsvolle Bühne.

Adresse Kirchgasse 14, 7000 Chur | **ÖPNV** Bahnhof Chur, Bus 9 (vom Bahnhofplatz), Haltestelle Hof, über den Hof in die Kirchgasse | **Anfahrt** A13, Sargans – San Bernardino, Ausfahrt Chur-Nord, Richtung Zentrum, im 3. Kreisverkehr 1. Ausfahrt auf Grabenstrasse, nach 600 Metern im Kreisverkehr 2. Ausfahrt auf Lindenquai, nach 220 Metern links auf Metzgerbrücke, rechts auf Plessurquai, nach 300 Metern leicht links auf St. Luzistrasse, nach 450 Metern links auf Hof, parken, auf der schmalen Seite des Hofs zur Kirchgasse hinunter | **Öffnungszeiten** Informationen unter Tel. 081/2520237 oder www.klibuehni.ch | **Tipp** Das Theater Chur ist das grösste Theater im Kanton Graubünden (Kauffmannstrasse/Theaterplatz).

26_Das Schmuckcafé

Gold und Kaffee

Man betritt den Hegisplatz und hat gleich das Gefühl, in der Guten Stube der Stadt zu sein. In Feierabend-Stimmung sitzen Leute entspannt vor einer offenen Tür am hinteren Ende des Platzes. Das wirkt fast privat – dass hier ein richtiges Café ist, und zwar im wahrsten Sinne ein Schmuckstück, muss man schon wissen. Oder entdecken.

Drinnen wird schnell deutlich: Hier ist gut einkehren. Gastgeber Andrea Capararo heisst einen ungezwungen willkommen. Das Schmuckcafé ist ganz sein Werk. Von den abgeschliffenen Tischen über Lampen aus Plexiglas mit Goldüberzug bis hin zu roh behauenen Decken hat er das ehemalige Lager in einen wunderbaren Raum verwandelt. Alles wirkt minimalistisch-cool, ohne dass es beabsichtigt wäre.

Denn das Schmuckcafé ist gleichzeitig Manufaktur. In einem Eck sitzt Capararo an seinem Werktisch und lötet, schmiedet, schleift und poliert individuelle Stücke aus Gold, Silber oder Platin. Das macht er, nachdem er seinen Gästen Kaffee serviert hat. Im Schmuckcafé läuft beides parallel, doch nichts nebenher. Das mit dem Schmuck ist Capararos späte Profession geworden – mit 46 Jahren hat er eine Lehre als Goldschmied begonnen, nachdem er seinen alten Beruf Schreiner wegen Arthrose nicht mehr ausüben konnte. Nach drei Jahren Ausbildung hat er sein Können autodidaktisch verfeinert, so setzt er auch Fassungen für Edelsteine ein, wenn der Kunde es wünscht.

In seinem Alter eine feste Anstellung zu bekommen, das war klar, würde schwer werden, also machte er sich selbstständig. 2012 richtete er sich den Raum am Hegisplatz ein, und da noch genug Platz übrig und der Ort dafür wie gemacht war, konnte er sich parallel seiner zweiten Berufung widmen und einen kleinen Café-Betrieb eröffnen, mit Fleischplättli, Panini, Käse und anderen Leckereien. Der Kaffee ist laut eigener Aussage der beste der Stadt – nach eingehender Überprüfung kann dem nicht widersprochen werden.

Adresse Hegisplatz (Postadresse: Sennhofstrasse 10), 7000 Chur | **ÖPNV** Bahnhof Chur, Bus 9 (vom Bahnhofplatz), Haltestelle Planaterrastrasse | **Anfahrt** A 13, Sargans–San Bernardino, Ausfahrt Chur-Nord, Richtung Zentrum, nach 2 Kilometern im Kreisverkehr 3. Ausfahrt, Parkhaus «Obere Quader», zu Fuss weiter auf Masanserstrasse, nach 150 Metern geradeaus auf Reichsgasse, nach 250 Metern auf Süsswinkelgasse, nach 70 Metern links auf Hegisplatz | **Öffnungszeiten** Di 17–20 Uhr, Mi–Fr 9–13 und 17–20 Uhr Uhr, Sa 10–16 Uhr | **Tipp** An der Ecke Süsswinkelgasse/Hegisplatz ist aussen an einem Haus eine Pechpfanne zu erkennen, ein Zeugnis mittelalterlicher Strassenbeleuchtung.

27 Die Seelenflucht

Street Art nach alter Sage

Welch Vergnügen, sich spätabends durch die menschenleeren Strassen einer Stadt treiben zu lassen. Die engen Gassen haben Geschichten zu erzählen, die meisten geben sie freilich nicht einfach so preis. Und dann steht man plötzlich auf einem kleinen Platz vor dieser Wand – und weiss gleich, dass man ohne Suchen auf eine Geschichte gestossen ist: ein riesiges Gemälde, das sich über mehrere Stockwerke eine Hauswand hinaufzieht und wie eine Mischung aus Street Art und den surrealistischen Gemälden von Giorgio de Chirico wirkt. Ein jung vergreister Mann eilt darauf mit erschrockenem Blick über einen leeren Platz. Während der Hintergrund mit der Churer Kathedrale in ferner Vergangenheit zu liegen scheint, ist aus dem Vordergrund mit der schief in den Raum hineinragenden St. Martinskirche ein Sinnbild für die Gegenwart herauszulesen, mit einem Auto am unteren Rand des Gemäldes, dessen Reifen auf dem realen Pflaster vor der Hauswand zu stehen scheinen.

Das Bild illustriert eine historische Sage: Ein junger Mann geht am Abend vor seiner Hochzeit zum Beten in die Kathedrale und gewahrt dort, dass sein Lebenslicht gerade gelöscht wird. Er bittet einen Engel um ein neues Licht und erhält dieses, damit jedoch zugleich ein ganz neues Leben, das in eine spätere Epoche hineinragt. Als er aus der Kirche tritt, erkennt er die Stadt, die in der übersprungenen Zeit von einer Feuersbrunst zerstört wurde, nicht wieder. Er selbst ist in der Zwischenzeit zu einem uralten Mann geworden.

Das Wandgemälde ist die Maturaarbeit von Yarina Krättli. Die junge Künstlerin möchte den Blick aus der Vergangenheit des aus seiner Zeit gefallenen Mannes in seine Zukunft lenken, die sogleich die Gegenwart des Betrachters ist. Dass man auf diese Weise auch die Sinnlosigkeit erkennen möge, dem eigenen Schicksal zu entfliehen, ist wohl mit intendiert und macht den Ort je nach Gemütszustand noch etwas unheimlicher, besonders in der Stille der Nacht.

Adresse Ecke Goldgasse/Kupfergasse, 7000 Chur | **ÖPNV** Bahnhof Chur, Bus 1 (vom Bahnhofplatz), Haltestelle Malteser, durch Obertor, 2. Möglichkeit rechts auf Kupfergasse | **Anfahrt** A 13, Sargans–San Bernardino, Ausfahrt Chur-Nord, Richtung Zentrum, nach 2 Kilometern im Kreisverkehr 3. Ausfahrt, Parkhaus «Obere Quader», zu Fuss weiter auf Masanserstrasse, nach 150 Metern geradeaus auf Reichsgasse, nach 250 Metern rechts und gleich wieder links, nach 200 Metern rechts auf Obere Gasse, nach 150 Metern rechts auf Goldgasse | **Tipp** Die spätgotische Martinskirche ist die zweitälteste Kirche von Chur und bestimmt mit ihrem spitzen Turm die Silhouette der Altstadt (Martinsplatz).

28 Das Sennentuntschi im Rätischen Museum

Sexpuppe für die Sommeralp

Gottesfurcht, Sittenstrenge und Naturverbundenheit, so dachte man, würden den Sennen schon helfen, den langen Alp-Sommer nur in Gesellschaft anderer Männer herumzukriegen. Gleichzeitig ahnte die Talbevölkerung wohl, dass auch die Sennen sexuelle Nöte kennen, und machte sich wilde Vorstellungen, was auf der Alm oben so alles getrieben wurde. Zeugnis davon gibt der Sennentuntschi-Mythos, der in leicht abgewandelter Form überall in den Alpen erzählt wird. Danach basteln sich einsame und ausgehungerte Männer auf der Alp eine weibliche Puppe, das Tuntschi. Sie füttern es, reden mit ihm, nehmen es mit ins Bett. Am Ende des Sommers, bevor sie wieder ins Tal gehen, wird das Tuntschi lebendig und setzt zur Rache an: Es verzaubert einen Sennen, auf dass er bei ihm bleibe, und zieht ihm schliesslich bei lebendigem Leib die Haut von selbigem.

Als 1980 in einem Theaterstück des Dramatikers Hansjörg Schneider Sennen sich eine lebensgrosse weibliche Puppe kreierten, die sogleich lebendig wurde und den Sennen sexuelle Dienste leistete, sorgten für den Skandal nicht die sexuellen Handlungen, sondern die Beseelung des Unbelebten.

Real existierende Puppen sind indes eine absolute Rarität. Das Tuntschi im Rätischen Museum stammt vom letzten Bewohner eines mittlerweile aufgegebenen Weilers im Val Calanca. Sie hat nicht viel Ähnlichkeit mit Produkten aus Erotikmärkten, besonders scheint sie nicht sehr funktionell: gerade vierzig Zentimeter gross, aus Holz, Tuch und echtem weiblichen Haar gefertigt. Ihre überdeutlich dargestellten Geschlechtsteile zeigen jedoch, welche Gedanken den Hersteller angetrieben haben dürften.

Das Rätische Museum zeigt auf vier Etagen urgeschichtliche Funde sowie Exponate der Alltags-, Glaubens- und politischen Geschichte Graubündens.

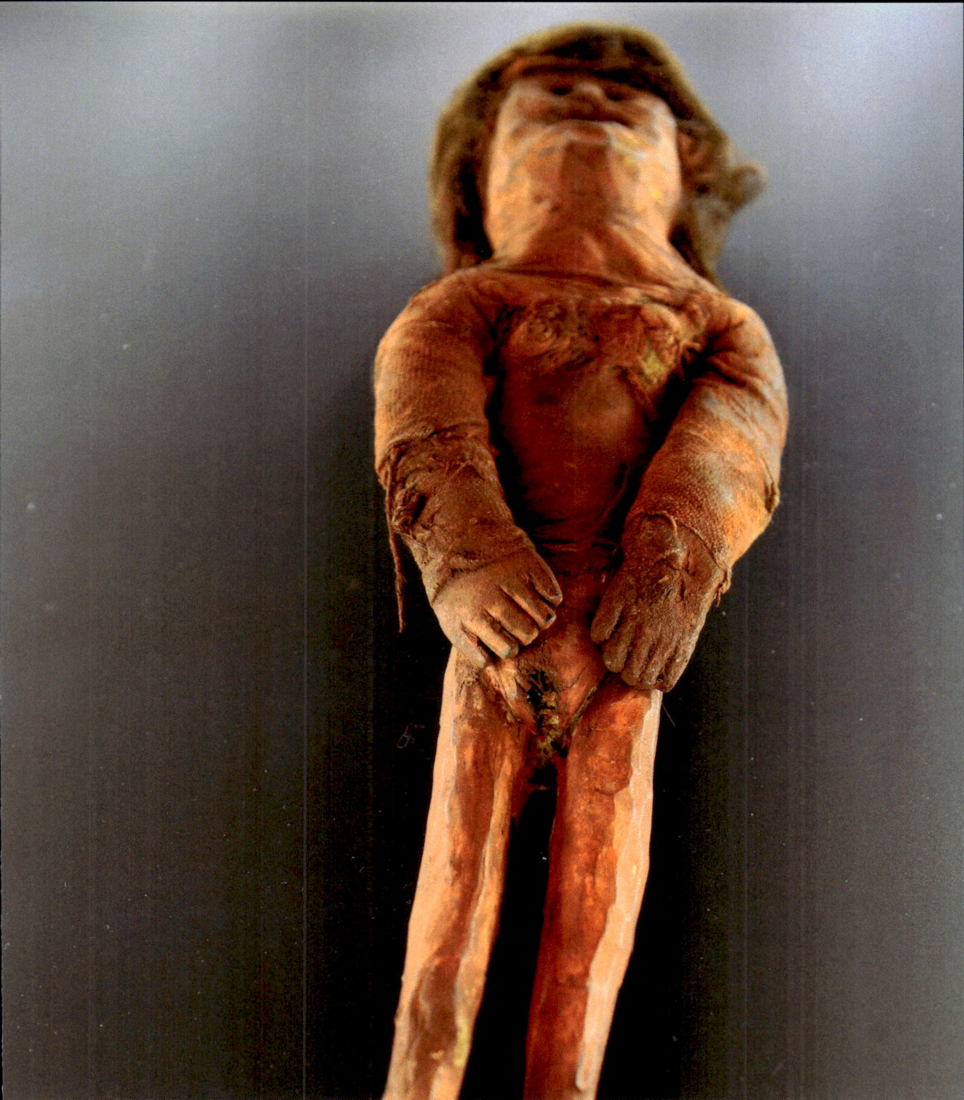

Adresse Rätisches Museum, Hofstrasse 1, 7000 Chur | ÖPNV Bahnhof Chur, Bus 9 (vom Bahnhofplatz), Haltestelle Hof, über den Hof | Anfahrt A 13, Sargans – San Bernardino, Ausfahrt Chur-Nord, Richtung Zentrum, im 3. Kreisverkehr 1. Ausfahrt auf Grabenstrasse, nach 600 Metern im Kreisverkehr 2. Ausfahrt auf Lindenquai, nach 220 Metern links auf Metzgerbrücke, rechts auf Plessurquai, nach 300 Metern leicht links auf St. Luzistrasse, nach 450 Metern links auf Hof, auf der schmalen Seite des Hofs geht es zur Hofstrasse | Öffnungszeiten Di – So 10 – 17 Uhr, 25. Dez. und 1. Jan. geschlossen | Tipp Nach dem Mythos um einsame Männer auf der Alp kann ein Besuch des Frauenkulturarchivs Graubünden einen ganz anderen Blick auf die Geschlechtergeschichte vermitteln (Goldgasse 10, Mo 10 – 14 Uhr, Fr 14 – 18 Uhr und nach Absprache unter Tel. 081/2500460).

29 Das Lacunaquartier

Manhattan im Alpental

Zwischen 1940 und 1970 erhöhte sich die Einwohnerzahl Churs um 60 Prozent. Da neue wie alte Bewohner vermehrt Auto fuhren, Autos parkten, in modernen Einkaufszentren shoppen und in grosszügigeren Wohnungen leben wollten, wurde es im Stadtgebiet eng. Nachdem insbesondere das Rheinufer durch Einfamilienhäuser zunehmend zersiedelt war, hiess es: «Stadtplanung, du hast Post!»

Man reagierte auf die Problemlage, erliess 1957 einen Plan, nachdem Neubauten weniger raumgreifend angelegt werden sollten, und baute fortan verstärkt in die Höhe.

Zwischen 1962 und 1972 entstand das Lacunaquartier I, bis 1981 kam Lacuna II hinzu. Mit sieben Hochhäusern und mehr als 23 Mehrfamilienhäusern wurde es eine der grössten Siedlungen dieser Art in der Schweiz. Geplant wurde es vom Churer Architekten und Stadtplaner Thomas Domenig, der zugunsten einer Vision für seine Geburtsstadt seine Stelle an der ETH Zürich aufgab. Er orientierte sich wie so viele seiner Zeit an Le Corbusier. Allerdings weist die Architektur im Lacunaquartier viele Variationen auf, von der Trostlosigkeit und Einfallslosigkeit vieler vergleichbarer Siedlungen hebt sie sich wohltuend ab. Die aufgelockerte Bebauung mit grosszügigen Grünflächen und ein gutes Dienstleistungsangebot machen das Quartier bis heute beliebt. Von den 130.000 Quadratmetern sind lediglich 20 Prozent bebaut.

Für Kritiker bedeuteten die Häuser dennoch eine Verschandelung der Stadtsilhouette, der Spitzname «Manhattan» war nicht freundlich gemeint. Tatsächlich werden Sichtachsen beeinträchtigt. Bedenkt man die Widerstände in grösseren Städten gegen Hochhausprojekte, ist die Akzeptanz von Lacuna für das relativ kleine Chur beachtlich. Immerhin war bis kurz vor dem Bau in Chur gesetzlich festgeschrieben: Bei vier Stockwerken ist Schluss.

Mit dem Abstand von Jahrzehnten sind die Gebäude mittlerweile zu einem Erkennungszeichen der Stadt geworden.

Adresse Ecke Belmontstrasse/Tittwiesenstrasse, 7000 Chur | ÖPNV Bahnhof Chur, Bus 1 (vom Bahnhofplatz), Haltestelle Lacuna | Anfahrt A13, Sargans – San Bernardino, Ausfahrt Chur-Nord, Richtung Zentrum, nach 2 Kilometern rechts auf Ringstrasse, nach 250 Metern im Kreisverkehr 2. Ausfahrt, nach 350 Metern im Kreisverkehr 1. Ausfahrt auf Tittwiesenstrasse, nach 200 Metern parken | Tipp Gleich neben der Siedlung liegt das Verwaltungsgebäude der Firma Würth. In dem architektonisch interessanten Bau ist auch ein Restaurant untergebracht, und es finden Kunstausstellungen statt (Aspermontstrasse 1).

30__Das Welschdörfli

Sündige Meile Churs

Niedlich klingt das – «Welschdörfli». Man mag sich einen gemütlichen Stadtteil mit kleinen Häusern und Gassen vorstellen. Und man läge damit ziemlich daneben. Geprägt ist das Welschdörfli von der gleichnamigen Strasse, die westlich der Innenstadt, gleich hinter der Plessur-Brücke, beginnt und die für den modernen Verkehr ein Nadelöhr bedeutet.

Vor der Gaststätte, an der der beschauliche Name «Rütli» zu lesen ist, ist die Strasse so stark verengt, dass sich zur Rushhour kaum zwei Pkw begegnen können. Dann stockt der Verkehr bisweilen sehr. Genau das kann man vom Inneren einiger Lokale an der Hauptstrasse nicht behaupten. Für die bescheidene Grösse von Chur bietet sich im Dörfli ein reichhaltiges Angebot an Bordellen und Stripclubs. Moralwächter mögen in der durch Autoabgase verursachten Russschicht auf den Häusern eine Analogie zum schmutzigen Gewerbe hinter den Türen sehen.

Bereits im 19. Jahrhundert wurden im Welschdörfli, ausserhalb der Stadttore an der traditionellen Transitroute Richtung Westen, Vergnügungen aller Art dargeboten. Pfiffige Wirte warben mit «Tanzbelustigungen». So war alles Halbseidene der feinen bürgerlichen Gesellschaft aus den Augen, aus dem Sinn. Das Savoir vivre hat an diesem Ort, wo erste Besiedlungsspuren 5.000 Jahre alt sind, eine noch viel längere Tradition. Schon die Römer saunierten hier, wie umfangreiche Ausgrabungen belegen. Bischöfe liessen später Wein anbauen.

Das Rotlichtgewerbe mischt sich im Welschdörfli mit anderer Gastronomie, und in den Nebenstrassen sind Handwerk und Gewerbe jeglicher Art angesiedelt. So liegt der Reiz des Viertels in seiner Vielfalt auf engem Raum und einer gewissen Renitenz gegen das Ordentliche. Seinen Namen hat es übrigens vom «Welschen», der romanischen Sprache, die hier viel länger gesprochen wurde als im deutschsprachig gewordenen Kern der Stadt.

Adresse Welschdörfli, 7000 Chur | ÖPNV Bahnhof Chur, Bus 9 (vom Bahnhofplatz), Haltestelle Malteser | Anfahrt A13, Sargans – San Bernardino, Ausfahrt Chur-Süd, nach 500 Metern links auf Kasernenstrasse, Richtung Zentrum, Kasernenstrasse wird zu Welschdörfli | Tipp Gleich neben dem Welschdörfli liegt in der Kasernenstrasse die Talstation der Seilbahn auf den Churer Hausberg Brambrüesch. Im Winter ausgedehntes Skigebiet, kann man im Sommer auf verschiedenste Weise den Berg sportlich hinunterrasen. Diverse Einkehrmöglichkeiten gibt es auch.

31 Die Giger-Bar

An Bord mit dem Alien

Nehmen Sie Platz – auf einem der Sessel, deren Füsse skelettierte Echsen schmücken und deren Lehnen wie eine Mischung aus Wirbelsäule und Maschineninnerem aussehen. Gemütlich? Dann lehnen Sie sich zurück und lenken Sie den Blick nach oben: Schläuche, die an menschlichen Körpern andocken, vorzugsweise an den Geschlechtsteilen. Werfen Sie auch einen Blick in die Nischen in der Thekenverkleidung: Na, wessen Gesicht ist da als Gipsabdruck zu sehen? Unheimlich? Wähnen Sie sich bereits an Bord des Raumschiffs Nostromo? Achtung! Gleich schiesst womöglich ein Alien aus der Brust der Bedienung! Nein, es hat ja bereits seinen Platz auf der Theke, allerdings in einer auffallend weiblichen Version.

Ruhig Blut und alle Aliens bis auf das Thekenwesen zurück ins Reich der Phantasie! Denn wir sind an Bord der Giger-Bar. Hier nutzen keine fiesen ausserirdischen Wesen den menschlichen Körper als Wirt – auch wenn der Erschaffer dieses Raums kein Geringerer als H. R. Giger ist, der für die Gestalt des «Alien» und das Raumschiff-Interieur im gleichnamigen Film verantwortlich zeichnet. Dafür gab es 1980 den Oscar in der Kategorie «Beste visuelle Effekte». Gigers Lieblingsspielzeug in Kindertagen war ein Totenschädel aus der Apotheke seines Vaters. Seine langjährige Gefährtin Li Tobler malte er immer wieder als mythisches Wesen, das sich in Schläuche, Innereien und Schlangentiere auflöst. In seinen surrealistischen Kunstwerken liess er gerne Science-Fiction-Technik mit menschlichen Körpern verschmelzen. Sexuelle Motive waren stets mit inbegriffen.

So leuchtet ein, dass niemand anders als dieser Meister finsterer Filmwelten, Skulpturen und Gemälde den Raum entwerfen konnte. Eigentlich wollte Giger eine Bar in New York kreieren. Nachdem es dort zu Planungsproblemen kam, entschied er sich, die Bar-Welt, die seinen surrealen Filmkulissen nachempfunden ist, in seiner Heimatstadt umzusetzen.

Adresse Comercialstrasse 23, 7000 Chur | ÖPNV Bahnhof Chur, Bus 6 (vom Bahnhofplatz), Haltestelle City West | Anfahrt A13, Sargans–San Bernardino, Ausfahrt Chur-Süd, nach 500 Metern links auf Kasernenstrasse, nach 200 Metern im Kreisverkehr 3. Ausfahrt auf Comercialstrasse, nach 120 Metern links, nach 150 Metern parken, in den Fussgängerbereich zwischen den Gebäudekomplexen Kalchbühl | Öffnungszeiten Mo–Fr 8.15–19 Uhr, Sa 8.30–17 Uhr | Tipp Im neuen Quartier Chur-West stehen als junge Hochhaus-Schöpfung die Twin Towers mit Wohnungen, Büros und einem grossen Hotel samt Restaurant (Comercialstrasse 32–36).

32 Das Institut für Schnee- und Lawinenforschung

Bitte eine CT für den Schnee!

«Das muss so kalt sein, schliesslich geht es um die Erforschung von Schnee.» Schon klar, na, dann gehen wir mal in die Kältekammer, in der es lausige minus 22 Grad hat. Hier wird naturidentisch Schnee hergestellt, von der reinsten Art. Das passiert, indem kalte Luft über ein Becken mit verdunstendem Wasser geblasen wird. Der dabei entstehende Wasserdampf wird an dünnen Nylonfäden zu Eis- und später Schneekristallen. Je nach Temperatur variieren die Kristallform sowie Dichte und Festigkeit des Schnees.

Auch dem naturwissenschaftlich Minderbegabtem dämmert im kühlen Kopf bald, dass hier am «Institut für Schnee- und Lawinenforschung SLF», wo man den Schnee auch schon einmal in den Computertomografen steckt, Zusammenhänge erforscht werden, deren Wissen Leben retten kann. Zum Beispiel, bei welcher Luftfeuchtigkeit und Temperatur man sich an Lawinenhängen aus dem Staub machen sollte, bevor selbiger über einen kommt. Oder wann man besser ganz schnell den einen Meter Schnee vom Dach räumt. So gehen Grundlagenforschung und praktische Dienstleistungen ineinander über. Das Institut warnt vor unmittelbaren Gefahren, gibt aber auch Kommunen Planungsgrundlagen an die Hand, indem es Orte identifiziert, an denen kein neues Baugebiet errichtet werden sollte.

Etwa 140 Forscher aus aller Welt sind am Institut beschäftigt. Manche von ihnen untersuchen so spannende Dinge wie die aerodynamischen Verhältnisse über Schnee – im eigenen Windkanal. Andere beschäftigen sich mit Naturgefahren, die auch in der wärmeren Jahreszeit auftreten – Hochwasser, Hangrutsche und Murgänge.

In öffentlichen Führungen können Besucher den Forschern über die Schulter sehen und einiges über die dunklen Seiten der weissen Pracht erfahren. Aber Achtung: Warm anziehen tut gut!

Adresse Flüelastrasse 11, 7260 Davos-Dorf | **ÖPNV** Bahnhof Davos-Dorf, Bus 304, Haltestelle Flüelastrasse | **Anfahrt** H 28 Landquart–Davos, nach 42 Kilometern am Eingang von Davos-Dorf links auf Sandstrasse, nach 50 Metern links auf Flüelastrasse | **Öffnungszeiten** Führungen Fr 10 Uhr, Anmeldung unter Tel. 081/4170111 | **Tipp** Im Wintersport-Museum Davos erfährt man viel über die Geschichte des Schnee- und Eissports in Davos von seinen Anfängen bis heute (Promenade 43, Davos-Platz, Öffnungszeiten unter www.wintersportmuseum.ch/).

33 Die BierVision

Auf dem Dach der Bierwelt

Darf es ein «Mungga» sein oder ein trübdunkles «Wätterguoge Bier«? Oder lieber ein «SteinBock»? Alle Sorten, die man hier kredenzt, haben einen Bezug zum Herstellungsort, meist stand eine Tierart Pate. Das «Wätterguoge Bier», das nach dem Alpensalamander benannt ist, schmeckt interessant nussig und rauchig. Das Tier ist – Nomen est omen – äusserst wetterfühlig: «Wenn d'Wätterguogä nidschi gaa, chunds läid, wenn'sch obschi gaa, chunds hübsch.» Will heissen: Verdünnisiert sich der Salamander in seinen Bau, kündigt sich Regen an, zeigt er sich draussen, wird es schön. Das «Mungga Bier», das nach dem Alpenmurmeltier benannt ist, ist ein naturtrübes Leichtbier, obergärig, hell und nach dem Infusionsverfahren gebraut. Damit ähnelt es dem Kölsch.

Munden tun sie alle, die Biere in der «BierVision Monstein», eine der höchstgelegenen Brauereien der Schweiz, und das suggeriert nicht etwa die dünne Luft. Seit 2001 braut man auf 1.620 Metern Höhe in den Räumen der ehemaligen Dorfsennerei Bier. Pro Jahr sind es um die 2.500 Hektoliter – reichlich wenig im Vergleich zu den grossen Brauereien.

Wenn man die Maische gären sieht, weiss man demnach: Hier wird aus jedem Fässchen eine exklusive Flüssigkeit gebraut, und zwar aus besten Inhaltsstoffen. Die stammen zum grössten Teil aus biologischem Anbau und bei den Sorten Mungga und SteinBock hauptsächlich aus Lagen über 1.000 Meter Höhe. Man befindet sich also bereits nüchtern betrachtet im Himmel oder zumindest auf dem Dach der Bierwelt. Bei den kleinen Mengen kann der Braumeister, der Basti aus der Biermetropole Franken, auch schon mal seiner Kreativität und Experimentierfreude freien Lauf lassen und jedes Jahr ein neues Spezialbier zaubern.

Wenn man bei einem Besuch in der BierVision Monstein alle Sorten durchprobiert, verschwimmen schon einmal die Konturen. Das liegt dann aber sicher an der Höhenlage.

Adresse BierVision Monstein, 7278 Davos-Monstein | **Anfahrt** H 28, Landquart – Davos, nach 42 Kilometern geradeaus auf Bahnhofstrasse, nach 500 Metern links auf Promenade, nach 11 Kilometern rechts auf Zügenwaldstrasse, nach 350 Metern links, nach 2,3 Kilometern rechts | **Öffnungszeiten** Führungen und Direktverkauf Fr 16 – 19 Uhr oder unter Tel. 081/4203060 | **Tipp** In Monstein erinnert vieles noch an die Geschichte als Walserdorf, wie die etwa 15 traditionellen «Spiicher», Holzställe und Alphütten. Ein Spaziergang gibt einen guten Eindruck davon.

34 Der Bolgenlift

Bequem mit dem Bügel hinauf

Muss das früher mühsam gewesen sein! 90 Prozent der Zeit, die man an einem Ski-Hang verbrachte, fiel aufs Aufsteigen – zu Fuss. Das ergab eine Studie der Davoser Skischule Ende der 1920er Jahre.

«Ärgerlich», dachte sich der Züricher Ingenieur Ernst Gustav Constam – und entwickelte 1930 ein Konzept für einen einseitigen Bügel in J-Form, der Skifahrer bequem und schnell den Hang hinaufhieven sollte. Noch einmal vier Jahre vergingen, bis der Bolgenlift als weltweit erster Bügel-Skilift am Heiligabend 1934 seinen Betrieb aufnahm. Bis dahin gab es Aufstiegshilfen, bei denen Skifahrer auf Schlitten mittels Seilwinden den Berg hinaufgezogen wurden oder sich an einem Seil festhalten mussten – alles nicht sehr komfortabel.

Die Daten des Bolgenlifts klingen nicht gerade beeindruckend – 270 Meter lang ist er und führt von 1.544 auf 1.610 Meter Höhe. Solange die Aufstiegshilfe nur für kleinere Hügel parat stand, dürften sich die Nutzer Spott und Verachtung der wirklichen Abfahrtscracks sicher gewesen sein, die hohe Ski-Berge weiterhin per pedes erklommen und sich ihr Abfahrtsvergnügen somit vermeintlich redlich verdienten.

Doch dem Bolgenlift war voller Erfolg beschieden. Allein im ersten Jahr wurden 70.000 Skifahrer befördert. Schnell folgte die Weiterentwicklung zu einem Doppelbügel an den Enden, und die zweifache Zahl Abfahrtshungriger konnte nach oben gezogen werden. Auch in anderen Skigebieten kam man bald darauf, Skitouristen durch bequeme Aufstiegshilfen anzulocken. Wo man nur noch bergab musste, schnallten sich schliesslich auch minder sportliche Naturen die Bretter unter.

«Bequem einfach den Bügel unter den Po?» – Wenn das mal so einfach wäre. Wer sich an seine ersten Lifterlebnisse oder solche nach längerer Abstinenz erinnert, weiss, dass man mitunter peinliche Auftritte absolviert, bevor man ans obere Ende des Abfahrtshanges befördert wird.

Adresse Skistrasse 26, 7270 Davos-Platz | **ÖPNV** Bahnhof Davos-Platz, 500 Meter Fussweg über Bramabüelstrasse, Skistrasse | **Anfahrt** H 28, Landquart–Davos, nach 42 Kilometern geradeaus auf Bahnhofstrasse, nach 500 Metern links auf Promenade, nach 1 Kilometer links auf Hertistrasse, nach 550 Metern rechts auf Mattastrasse, nach 1 Kilometer links auf Dammstrasse, nach 150 Metern rechts auf Skistrasse und gleich links auf Bramabüelstrasse, nach 250 Metern parken | **Tipp** Der Skistürze-Brunnen in Davos-Dorf zeugt von den vielen Bruchlandungen beim Abfahrtsski. Der Bildhauer Wilhelm Schwerzmann kreierte den Brunnen 1936 mit Sandstein-Reliefs stürzender Skifahrer (Ecke Bahnhofstrasse/Promenade, vor dem Hotel Seehof).

35 Die Heilstätte Etania

Lindernde Luft, zerstörerischer Schnee

Idyllisch liegt das Gebäude erhöht am Waldrand, ideal für Kranke, die neben heilsamer Bergluft vor allem der Ruhe bedürfen. Die Einrichtung fand grossen Zuspruch – auch weil viele finanziell schwache Tuberkulosekranke aufgenommen wurden, deren Unterbringungskosten durch den «Hilfsverein für jüdische Lungenkranke in der Schweiz» und Spenden aufgebracht wurden. Besucher berichteten von «Kinderstimmen […], die vergessen Sorge und Leid». Gerade die schöne Lage jedoch barg auch eine grosse Gefahr für die entstandene Heilstätte. Denn sie liegt in einer Lawinenzone und wurde bereits ein halbes Jahr nach Eröffnung von einer Schneewalze schwer getroffen.

Dabei war man 1919 sehr froh gewesen, mit dem wenige Jahre zuvor gebauten Hotel Exzelsior ein geeignetes Haus für eine eigene jüdische Heilstätte – die «Etania» – gefunden zu haben. Denn immer häufiger kamen seit Ende des 19. Jahrhunderts auch jüdische Tuberkulosekranke nach Davos. Gerade den Orthodoxen unter ihnen fehlte die Möglichkeit, hier nach religiösen Regeln zu leben. Zudem spürten jüdische Kurgäste hier wie in vielen Urlaubsregionen eine zunehmend antijüdische Stimmung.

Viele orthodoxe Juden haben seit jeher ein besonderes Verhältnis zu Bergen – felsige Gipfel gelten ihnen als Verbindung des Irdischen mit dem Göttlichen. Der Begründer der neoorthodoxen Denkrichtung, Samson Raphael Hirsch, erwartete für den Moment, da er vor seinen Gott treten würde, die Frage gestellt zu bekommen: «Hast du meine Alpen gesehen?»

Die Heilstätte Etania wurde als «Jüdisches Heil- und Erholungszentrum Davos» mit Synagoge, Mikwe und koscherem Essensangebot eingerichtet. 125 Patienten hatten Platz. Doch die Lawinenunglücke wiederholten sich über Jahrzehnte. Ab 1991 gab es keinen Kurbetrieb mehr, eine Sanierung schien erforderlich. In jüngster Zeit werden wieder Gäste im nun «Zentrum Haus Davos» genannten Hotel empfangen. Im Sommer können Gebetsräume angemietet werden.

Adresse Richtstattweg 3, 7270 Davos-Platz | **ÖPNV** Bahnhof Davos-Dorf, Bus 303 oder Bahnhof Davos-Platz, Bus 301, Haltestelle Horlauben, weiter über Richtstattweg | **Anfahrt** H 28, Landquart – Davos, nach 42 Kilometern geradeaus auf Bahnhofstrasse, nach 500 Metern links auf Promenade, nach 700 Metern rechts auf Bobbahnstrasse, nach 70 Metern links auf Rossweidstrasse, nach 250 Metern rechts auf Richtstattweg | **Öffnungszeiten** Raumanmietung über www.zentrumhaus.ch/de oder www.etania.ch/ | **Tipp** Der Maler Ernst Ludwig Kirchner lebte von 1918 bis zu seinem Tod 1938 in Davos. Im Kirchner Museum sind viele seiner späten Werke zu sehen (Promenade 82, Di – So 11 – 18 Uhr).

36 Das Medizinmuseum

Ausspucken verboten!

Das Desinfektionsgesetz der Landschaft Davos von 1900 war streng und das aus gutem Grund. Der Tuberkuloseerreger, der bereits seit Jahrzehnten für volle Betten in den Sanatorien des Kurortes sorgte, war – und ist es heute noch – hoch ansteckend. Das Ausspucken in der Öffentlichkeit war daher nur in speziell dafür vorgesehene Spucknäpfe gestattet, die täglich gereinigt werden mussten. Kurgäste mit einer Offenen Tuberkulose waren zudem verpflichtet, stets ein eigenes Gefäss bei sich zu tragen, in das sie ihren infektiösen überschüssigen Schleim abzusondern hatten. Bei diesen Taschenspucknäpfen handelte es sich meist um ein kobaltblaues Glasgefäss, das mit der Zeit unter dem schönen Namen «Blauer Heinrich» Bekanntheit erlangte.

Wie der Blaue Heinrich stammen die meisten Exponate im Medizinmuseum – wen wundert's? – aus dem Spektrum der Tuberkulose-Behandlung. Mit Respekt begegnet man dem Pneumothoraxapparat. Das Gerät besass feine Nadeln, mit denen Stickstoff oder gefilterte Luft in den Pleuraraum zwischen Rippen und Lungenfell eingeführt wurde. So sollte der tuberkulöse Lungenflügel stillgelegt werden, damit er sich erholen konnte, die Atmung wurde idealerweise ganz von der gesunden Hälfte übernommen. Manche Kranken waren in der Lage, durch Pressung des stillgelegten Lungenflügels Pfeifgeräusche zu erzeugen, was in Thomas Manns «Zauberberg» beschrieben ist. Was in geselliger Runde wohl zur allgemeinen Erheiterung beigetragen haben mag, tat man besser unbemerkt vom medizinischen Personal, schliesslich erforderte es hernach ein häufigeres Nachpumpen als eigentlich vorgesehen.

Neben weiteren mehr oder weniger schmerzhaft aussehenden Instrumentarien ist im Museum auch eine «Davoser Liege» ausgestellt. Auf die Produktion dieses für die unausweichlichen Liegekuren konzipierten Möbelstücks war man in Davos spezialisiert – Standortfaktor Tuberkulose.

Adresse Promenade 43, 7270 Davos-Platz | **ÖPNV** Bahnhof Davos-Platz, 2 Minuten Fussweg | **Anfahrt** H28, Landquart – Davos, nach 42 Kilometern geradeaus auf Bahnhofstrasse, nach 500 Metern links auf Promenade, nach 2,5 Kilometern rechts | **Öffnungszeiten** Dez. – April und Juni – Okt. Di und Do 17 – 19 Uhr (genaue Tage und zusätzliche Zeiten unter Tel. 079/6821704) | **Tipp** Dass es nah am betriebsamen Davos ein so ruhiges und wunderschönes Seitental wie das Sertigtal gibt, würde man kaum meinen. Nach einer Wanderung – oder Kutschfahrt – wartet im Sertig-Dörfli das Restaurant «Walserhuus Sertig» (von Promenade 3,2 Kilometer Richtung Tiefencastel, dann links auf Sertiger Strasse).

37 Der Schatzalp-Speisesaal

Leiden und Laster auf dem Zauberberg

Das «Schmettern der Glastür», muss es nicht gleich erklingen? – das Signal, dass Clawdia Chauchat eingetreten ist? Wie immer zu spät und den speisenden Hans Castorp störend. Der wird daraufhin verärgert und fasziniert ihren Weg zum «guten Russentisch» verfolgen. Danach werden sich quer durch den Saal ihre Augen immer wieder treffen. Hans Castorp wird nichts dagegen tun können, denn «sein Bedürfnis nach Verfeinerung war bedeutend».

Man kann die durch pseudo-sittliche Zurückhaltung gekennzeichnete Szene aus dem «Zauberberg» vor sich sehen. Denn im Jugendstil-Speisesaal des Hotels Schatzalp ist bis ins Detail das meiste wie vor 100 Jahren, als der Roman von Thomas Mann spielt. Darin besucht der reiche Hamburger Kaufmannssohn Hans Castorp seinen tuberkulosekranken Vetter im Davoser Sanatorium, wo sich die kranken Dauerbesucher das Leben angenehm eingerichtet haben. Ihr von Dekadenz und Ausschweifungen versüsstes Leben übt starken Reiz auf Hans Castorp aus. Aus geplanten drei Wochen Aufenthalt werden sieben Jahre.

Zwar spielt die Handlung in einer anderen Davoser Heilanstalt, doch der Autor liess sich bei Besuchen bei seiner lungenkranken Frau Katja, die in Davos kurte und genas, auch vom Sanatorium Schatzalp inspirieren. Und hier erstrahlt noch heute vieles im Original-Jugendstilglanz. Die Türen der ehemaligen Krankenzimmer haben ihre Breite übrigens nicht fürs Hindurchschieben von Betten, sondern für die ausladenden Kleider der Damen. Viele Bereiche sind auch Gästen zugänglich, die nur auf ein Getränk oder Essen hineinschauen. Von der Veranda unter alten Holzbalkonen hat man eine traumhafte Aussicht auf die umliegenden Berge. Nimmt man dann noch eine Decke für eine Liegekur und lässt sich von der Abendsonne wärmen, besteht die Gefahr, dass man der süssen Versuchung erliegt, sehr viel länger zu bleiben als geplant – es müssen ja nicht gleich sieben Jahre werden.

Adresse Hotel Schatzalp, 7270 Davos-Platz | **ÖPNV** Bahnhof Davos-Dorf, Bus 303 oder Davos-Platz, Bus 301 oder 304, Haltestelle Schatzalpbahn | **Anfahrt** H 28, Landquart – Davos, nach 42 Kilometern geradeaus auf Bahnhofstrasse, nach 500 Metern links auf Promenade, nach 2,1 Kilometern parken, rechts auf Obere Strasse, weiter mit Schatzalpbahn | **Öffnungszeiten** Anfang Juni – Mitte Okt., Mitte Dez. – Ende März (genaue Tage unter www.schatzalp.ch/de/hotel/) | **Tipp** Der Botanische Garten «Alpinum» am Hotel Schatzalp beherbergt eine umfangreiche Sammlung Pflanzen, die das Bergklima lieben.

38 Der Jungfernflug

Hoch hinaus wollen alle

Wie kurz vor dem Abflug scheint die Frau zu verharren. Jederzeit kann sich die Spannung in dem Eisen-Katapult, auf dessen Ende sie steht, lösen – falls das überhaupt jemals geschehen wird. Dabei hat sie vermutlich schon so lange darauf gewartet, endlich abzuheben. «Jungfernflug» heisst die Skulptur, und der Name verleitet zu Spekulationen darüber, nach welcher Art Höhenflug die nicht mehr ganz junge Frau – oder boshafter: alte Jungfer – strebt. Vielleicht träumt sie ganz einfach vom Fliegen, und diese unerfüllte Sehnsucht ist ihre eigene Form des Höhenflugs. Oder ist sie längst abgehoben?

Solche Fragen soll sich der Betrachter bei den Werken von Robert Indermaur stellen. Der Künstler stellt seine Skulpturen in den öffentlichen Raum, um seine Mitbürger mit ihnen zu konfrontieren und zum Nachdenken aufzufordern. Die Dame, die zu ihrem «Jungfernflug» ansetzt, steht vor dem Gemeindehaus von Almens. In dem kleinen Dorf hat Robert Indermaur seit Anfang der 1980er Jahre eines seiner Ateliers und seinen Wohnsitz – in einer fast 300 Jahre alten Mühle. Im Anbau fertigt er moderne Kunst – neben Skulpturen auch Wandbilder, Gemälde, Zeichnungen und Grafiken. Seine Plastiken finden sich an vielen Plätzen in der Schweiz.

Die Sehnsucht nach dem Erheben in die Lüfte – und sei es auch nur ein geistiges – ist Indermaur selbst zu eigen. Als Kind habe er seine eigene Art des Fliegens entwickelt, hat er einmal gesagt. Als 2004 im Rahmen eines Graubündner Kunstprojekts Künstler dazu aufgerufen waren, mit Werken ihre Sicht auf das Thema Heimat in eben ihrem Heimatort auszudrücken, trug Indermaur eine Serie mit dem Titel «Höhenluft» bei und bevölkerte Plätze in Almens mit Figuren, die allesamt vom heimatlichen Erdboden abgehoben wandelten. Eine davon ist der «Jungfernflug» – die Gemeinde Almens wollte die neun Meter hohe Skulptur aus Eisen und Polyester nicht mehr missen und kaufte sie.

Adresse Almenserstrasse 34/Pro Grond, 7416 Domleschg-Almens | **Anfahrt** A13, Ausfahrt Thusis-Nord, links auf Äussere Heinzenbergstrasse, nach 500 Metern links auf Hauptstrasse, nach 1,9 Kilometern rechts auf Almenserstrasse, nach 600 Metern rechts, nach 400 Metern links, nach 600 Metern am Gemeindehaus | **Tipp** Im Nachbarort Scharans hat sich der Liedermacher und Autor Linard Bardill ein Atelier eingerichtet in etwas, das von aussen wie ein Haus aussieht, sich im Inneren jedoch als Mischung aus Freiluft-Konzertarena und Architektur-Skulptur entpuppt (Fravgia, 7412 Scharans, Fr 13–17 Uhr geöffnet).

39 Die Casascura

Ein gelungener Mix

Man nehme einen Architekten, der moderne Gebäude in schnörkellosem Stil entwirft, und füge hinzu: eine grosse Portion Bewusstsein für historische Bausubstanz und einen kräftigen Schuss neu gewonnene Liebe zum Leben auf dem Land. Dann schüttle man das Ganze in einem Shaker, dessen Filter nur hindurchlässt, was sich nahtlos in die Getränkeabfolge des Abends einreiht. Die Getränkeabfolge stelle man sich als gewachsene dörfliche Umgebung vor, das Barsieb als Baugesetz. Denn das sieht den Schutz des alten Dorfbildes und innerdörflicher Flächen für Obst- und Weinbau vor und bietet somit einige Hürden für das Errichten von Neubauten. Das Ergebnis dieses Cocktail-Mixens ist die Casascura. Doch bis zur Trinkfertigkeit trägt sich folgende Geschichte zu:

Der Architekt Kurt Hauenstein will mit seiner Frau von Zürich aufs Land ziehen, in Fläsch ersteht er ein altes Winzerhaus aus dem 18. Jahrhundert. Das Äussere renoviert er behutsam, im Inneren stellt er den ursprünglichen Grundriss wieder her, mit einer steilen, engen Wendeltreppe.

Neben dem Altbau errichtet er anstelle des ehemaligen Stalls einen Neubau aus Beton, der viele baulichen Elemente des Stalls aufgreift: vom fehlenden Dachüberstand über die Fenstergrösse bis zur Farbe, die sich in den Felsenriffs, die Fläsch überragen, wiederfindet. Innen besteht der Neubau lediglich aus einem einzigen Raum je Stockwerk. Beide Gebäudeteile sind durch den ehemaligen Ochsengang verbunden.

Faszinierend ist die Tatsache, dass man an dem renovierten Altbau die verschiedenen Zeitalter der Verputzung erkennt und die Patina somit vollends erhalten geblieben ist. Somit ist bei der Casascura die Einbettung moderner Bauten ins historische Ortsbild vollends gelungen. Der Name, der «dunkles Haus» bedeutet und somit der Farbgebung des Neubaus geschuldet sein könnte, geht tatsächlich auf den Nachnamen der Dame des Hauses zurück: Düsterhaus.

Adresse Hinterdorf 17, 7306 Fläsch | Anfahrt A13, Sargans – Chur, Ausfahrt Bad Ragaz, links auf Rheinaustrasse, nach 2,3 Kilometern links auf Unterdorf, nach 150 Metern rechts, nach 100 Metern leicht links auf Hintergasse, nach 70 Metern links | Tipp Besondere Architektur macht auch das Weingut Gantenbein am Ortsrand von Fläsch aus. Die Fassade ist derart gemauert, dass die Licht- und Temperaturverhältnisse für das Werden des Weines optimal sind. Auf Anfrage kann man den besonderen Rebensaft vor Ort geniessen (Tel. 081/3024788, Ausserdorf 38).

40 Das Gelbe Haus

Rauer Diamant alpiner Baukultur

Graubünden ist ein Mekka für moderne Architektur. Die Baumeister spielen mit dem vielfältigen architektonischen Erbe, interpretieren es neu und nutzen gerne Materialien, die die Natur zur Verfügung stellt. Als Ergebnis stehen Bauten von cooler Einfachheit und Zurückhaltung, mit klaren Linien – Bauten, die sich nicht aufdrängen und den historischen Gebäuden meist gut «zur Seite stehen». Selbst in den kleinsten Dörfern finden sich Ikonen, zu denen Architekturfans aus aller Welt pilgern (siehe Seite 86 und Seite 192).

In Flims steht einer der eigenwilligsten Bauten moderner Bündner Schule. Auf den ersten Blick gibt er mehrere Rätsel auf. Warum ist er weiss, obwohl er «Das Gelde Haus» heisst? Ist es wirklich fertiggestellt oder handelt es sich vielleicht um eine Skulptur?

Ein Blick ins Gebäude und die Geschichte desselben gibt Antworten. An dem exponierten Ort an einer Kreuzung in der Ortsmitte befand sich ein älteres Haus in gelber Farbe, das über viele Jahre leer stand. Der Architekt Rudolf Olgiati vermachte es kurz vor seinem Tod 1995 mitsamt seiner Sammlung an Kulturgütern der Gemeinde Flims. Eine Bedingung hatte er: Das «Gelbe Haus» sollte vollständig weiss gestrichen, umgebaut und als Museum genutzt werden. Sein Sohn, Valerio Olgiati, nahm sich der Aufgabe an. Er entkernte das Gebäude, schuf innen grosszügige minimalistische Räume, die sich für Ausstellungen eignen. Die äussere Form, die mit der Geschichte des Baus bricht, zeigt gerade mit dem auffälligen Weiss und der groben Fassade eine Verbindung zur alpinen Bergwelt. Tief eingelassene Fenster betonen das Abweisende – oder Schutzbietende – gegenüber äusseren Einflüssen. Eine Ähnlichkeit mit Fassaden in anderen Regionen wie dem Engadin ist deutlich. Das fügt sich ins Museumskonzept: Die wechselnden Ausstellungen haben häufig die Architektur der Alpen, aber auch viele andere alpinen Themen zum Gegenstand.

Adresse Hauptstrasse / Via Nova 32, 7017 Flims-Dorf | Anfahrt H 19, Reichenau – Ilanz, Ausfahrt Flims, auf Via Nova nach Flims-Dorf, nach 2,2 Kilometern rechts | Öffnungszeiten Anfang Dez. – April und Juli – Okt. Di – So 14 – 18 Uhr (genaue Zeiten unter https://www.dasgelbehausflims.ch/) | Tipp In Laax bietet das Museum Laax ein Gegenprogramm zum modernen Gelben Haus. Hier werden Brauchtum, Geschichte und Sagen der Region vorgestellt (www.museumlaax.ch/).

41__Der Caumasee

Naturjuwel reloaded

Wie ein Edelstein funkelt er türkis inmitten der waldigen Landschaft bei Flims, der Caumasee. Schwer vorstellbar, dass dieses Naturjuwel in Gefahr schweben könnte. Und doch war es vor ein paar Jahren beinahe um die Schönheit geschehen. Das kam so: Um das Panorama von Flims nicht zu stören und dennoch den Durchgangsverkehr elegant aus dem Ort zu verbannen, legte man die neue Umgehungsstrasse tief in den Berg. Doch die Natur spielte bei diesem Plan nicht ganz mit. Denn dummerweise nahm nach dem Tunnelbau der Wasserspiegel des Caumasees bedenklich ab.

Nun muss erwähnt werden, dass der Seespiegel von Natur aus je nach Jahreszeit um bis zu fünf Meter schwankt – Höchststand ist im Juli, im April herrscht Ebbe. Der See verfügt über keine oberirdischen Zu- wie Abflüsse, sondern speist sich aus Quellen im karstigen Untergrundmaterial, das der Flimser Bergsturz vor 9.500 Jahren hinterliess (siehe Seite 156). Der starke Türkis-Ton entsteht durch Lichtstreuung an Schwebstoffen im besonders reinen Wasser.

Untersuchungen ergaben, dass beim Bau des Tunnels eine Karströhre abgeschnitten wurde, die den See mit Wasser speiste, was zumindest Ursache für einen Teil des Wasserverlusts war. So gelobte man Wiedergutmachung und führt dem See mittlerweile künstlich Wasser zu – was nicht ganz einfach ist, denn es muss unterirdisch geschehen, sonst ist durch Verunreinigungen der südseehafte Farbton futsch. Hunderttausende Kubikmeter werden jährlich in einen Bach geleitet, der den See über Versickerungsquellen speist. Der Zufluss wird stetig auf Phosphatgehalt, Trübung und Wassertemperatur kontrolliert.

Der Caumasee darf also wieder in schönstem Glanz erstrahlen – wenn auch gewissermassen mit ein bisschen Nachhilfe durch den Menschen. Der Name bedeutet entsprechend der griechisch-lateinischen Herkunft «See der Sonnenhitze» und wird durch bereits im Frühjahr hohe Wassertemperaturen bestätigt.

Adresse Via Dil Lag, 7018 Flims-Waldhaus | **Anfahrt** H 19, Reichenau–Ilanz, Ausfahrt Flims, auf Via Nova/Promenada nach Flims-Waldhaus, nach 3,7 Kilometern links auf Rudi Dadens, nach 100 Metern geradeaus parken, (ausgeschildert) 500 Meter bis Zahnradbahn (im Sommer zum Seeufer), weitere 600 Meter bis zum See | **Tipp** In der Region Flims Laax Falera locken 330 Kilometer Wege für Mountainbiker. Praktisch: Wer ungern bergauf strampelt, bekommt Hilfe von zahlreichen Bergbahnen.

42 Die kleinste Stadt der Welt

Alles dicht beieinander

Voll von Burgen und Schlössern ist das Domleschg, die reiche Kulturlandschaft auf der östlichen Talseite des Hinterrheins. Und wenn hier von Schlössern die Rede ist, so geht es nicht um ein paar morbide Mauerreste, sondern um Herrschaftssitze in strahlendem Glanz. Rauschende Feste lassen sich zwischen den mächtigen alten Mauern feiern. Die sind allerdings der höfischen Gesellschaft vorbehalten, denn sämtliche Schlösser befinden sich in Privatbesitz. Von innen erleben kann man höchstens Schloss Schauenstein in Fürstenau, in dem ein Restaurant der sehr gehobenen Kategorie untergebracht ist.

Fürstenau, das mit seinen lediglich 350 Einwohnern Stadtrecht geniesst, beherbergt gleich zwei Schlossbauten – neben Schauenstein, das auch das Obere Schloss genannt wird, das Bischöfliche oder Untere Schloss. Beide gingen aus Wehrtürmen einer älteren Burganlage hervor, wurden vermutlich im 17. Jahrhundert ausgebaut und erhielten ihre heutige Gestalt weitgehend nach einem Stadtbrand 1742.

Fürstenau bezeichnet sich selbst als «kleinste Stadt der Welt». Das ist nicht ganz korrekt, sei aber verziehen, denn klein ist Fürstenau allemal – und eine Art Mikrokosmos. Wie sich die urbanen Funktionen vermischen, könnte als Modell für die Stadt der Zukunft dienen: Innerhalb der alten Stadtmauern, die an einigen Stellen noch vorhanden sind, findet man auf kleinstem Raum verschiedenste Wirtschaftszweige, etwa eine Stallscheune, die an einen Seitentrakt des Oberen Schlosses grenzt – die Versorgungswege waren wirklich kurz. Beide Schlösser haben terrassierte Gärten – man könnte an vertikale Gärten und Urban Gardening denken. Enge Platzverhältnisse erforderten in der «kleinsten Stadt der Welt» einst, wie in den Metropolen von heute, kreative Raumnutzungen. Praktisch für den Besucher unserer Tage: Die Wege sind wirklich kurz.

Adresse Schlossgass, 7414 Fürstenau | Anfahrt A13, Chur–San Bernardino, Ausfahrt Thusis-Nord, links auf Äussere Heinzenbergstrasse, nach 500 Metern links auf Hauptstrasse, nach 450 Metern rechts auf Ob Maros, nach 60 Metern parken, auf Hauptstrasse 250 Meter weiter, links in den historischen Kern | Tipp Schloss Schauenstein wurde schon des Öfteren unter den 50 besten Restaurants weltweit gelistet. Die kleine Stadt spielt kulinarisch also im Konzert der ganz Grossen mit (Reservierung unter Tel. 081/6321080).

43 Die Trockensteinmauern

Arkadisches Landschaftsmosaik

Das Domleschg ist ein sanfter Abschnitt des Hinterrheins. Zu beiden Flussseiten zieht sich das Tal mit Terrassenstufen die Berge hinauf, auf denen kleine Dörfer liegen, wobei als Domleschg streng genommen nur die östliche Talseite bezeichnet wird – gegenüber liegt der Heinzenberg. Zwischen den Domleschger Dörfern liegt eine kleinteilige Landschaft mit Obstbaumwiesen, extensiv bewirtschaftetem Weideland und Äckern, die durch Hecken und Trockensteinmauern getrennt werden. Die Mauern stützen vielerorts Ackerterrassen, Wege und Strassen. Charakteristisch für das Tal sind aber auch die frei stehenden Mauern. Sie grenzen seit Jahrhunderten die Landgüter der Herrschaftssitze voneinander ab. Nachdem in den vergangenen Jahrzehnten Flächen zusammengelegt wurden, liegen die Mauern nun teils inmitten von Parzellen und haben so ihre ursprüngliche Funktion eingebüsst – wer mäht schon gerne die eigene Wiese um ein Hindernis herum?! So drohte vielen Mauern Verfall oder Rückbau. Grossen Wert haben sie jedoch auch heute noch – als Denkmal der Kulturlandschaft und Heimstatt vieler Kleintier- und Pflanzenarten, die in dem besonderen Mikroklima Schutz finden.

Mittlerweile wurden einige Mauern aufwendig saniert, manche auch abgebrochen und gänzlich neu aufgebaut. Dabei muss oft jeglicher Bewuchs entfernt werden – speziell an solchen, die eine Böschung stützen. Am schönsten sind aber allemal diejenigen Trockensteinmauern, die lange nicht bearbeitet wurden und um die herum sich das Grün wild rankt. Wenn man im Frühling über üppige ungemähte Blumenwiesen mit einzeln stehenden Obstbäumen geht und an diesen Mauern vorbeikommt, die von der Welt vergessen scheinen, es allerorten summt und zirpt, dann wähnt man sich, ach was – man ist – in Arkadien. Sehr gut kann man das nördlich von Fürstenau tun, beidseits der Hauptstrasse erstrecken sich Wiesen mit Trockenmauern.

Adresse Hauptstrasse, 7414 Fürstenau | **Anfahrt** A13, Chur–San Bernardino, Ausfahrt Thusis-Nord, links auf Äussere Heinzenbergstrasse, nach 500 Metern links auf Hauptstrasse, nach 450 Metern rechts, nach 60 Metern parken, auf Hauptstrasse, nach 250 Metern am Ortskern vorbei, nach weiteren etwa 300 Metern zu beiden Seiten der Strasse | **Tipp** Auf einer markanten Geländestufe nördlich von Paspels liegt die St. Lorenzkapelle, ein Bau aus dem 12. Jahrhundert. Von der Kantonsstrasse aus wandert man über sanfte Wiesen und steht neben der Kapelle unvermittelt am Abgrund.

44 Die stillgelegte Bahntrasse

Chillen auf Schienen

Bahnfahren schont die Umwelt. Die ökologische Bilanz ist dabei im gut besetzten Schnellzug sicher besser als in der leeren Bummelbahn, die malerisch durch die Landschaft kurvt und in einem Provinzbahnhof Endstation hat. Ins Val Mesolcina (Misox) verkehrte eine solche Sackgassenlinie, da über den San-Bernardino-Pass keine Verbindung gebaut wurde.

Als man einen wirtschaftlicheren Verkehr mit dem Postauto über die neu gebaute Autobahn realisieren konnte, wurde der Personenverkehr zwischen Bellinzona und Mesocco in den 1970er Jahren eingestellt. Für den Güterverkehr blieb der grösste Teil der Strecke von Arbedo-Castione nach Mesocco geöffnet, das kurze Stück nach Bellinzona und somit die Verbindung in die weite Welt wurde jedoch abgebrochen. 1978 sorgten Unwetter für schwere Schäden im oberen Teil, womit sich die gesamte Strecke für den Regelbetrieb erledigt hatte. Fortan gab es einen Museumsbetrieb, der Bilder für Fotoalben erzeugte: Langsam tuckernde Bahnen mit Triebwagen und Waggons aus Baujahren zwischen 1907 und den dreissiger Jahren sorgten für gesteigerte Bahnromantik. Zwischen den Gleisen breitete sich beachtlicher Pflanzenwuchs aus.

2013 war es auch um den Museumsbetrieb geschehen. Was vorher bereits auf Teilen der Strecke, wo längst die Schienen abgebrochen waren, möglich war, gilt nun für die gesamte Trasse: Sie lässt sich auf Schusters Rappen erwandern. Und das ist sehr reizvoll, schon ob der ganz neuen Blickwinkel, die man auf dem Weg auf ehemaligen Gleisen oberhalb des Talbodens erhält. Oft geht es über Viadukte, dann durch Tunnel, und immer wieder passiert man – wie in Leggia – nicht mehr benötigte Waggons, die hier wohl noch lange stehen werden – und dabei neue Verwendungszwecke gefunden haben: Im vor Freizeitangeboten nicht gerade strotzenden Val Mesolcina dienen die stillgelegten Bahnhöfe und Waggons Jugendlichen als informelle Treffpunkte.

Adresse (Zum Beispiel) Stazione, 6556 Grono-Leggia | **Anfahrt** A13, San Bernardino – Bellinzona, Ausfahrt Roveredo, links auf H13, nach 3,5 Kilometern rechts am ehemaligen Bahnhof Leggia | **Tipp** In Leggia steht die sehenswerte Chiesa dei Santi Bernardo e Antonio Abate mit Malereien und Stuck aus dem 17. Jahrhundert.

45_Dagoberts Klause

Cooler Schlager aus den Bergen

Es klingt wie ein Märchen: Junger mittelloser, aber umso attraktiverer Typ aus den unschuldigen Bergen kommt in die grosse Stadt, bewegt die Herzen und wird zum Popstar. Ganz so gradlinig vollzog sich die Geschichte von Dagobert Jäger allerdings nicht, eher in mehreren Episoden.

Die erste spielt zu seiner Jugendzeit, als er in Proberäumen schläft. Mit selbst komponierten Songs gewinnt er ein Kulturstipendium, geht nach Berlin. Dort der zweite Teil: Dagobert versäuft die 18.000 Franken, nach einem halben Jahr zieht er in das Haus seines verstorbenen Onkels im Bergdorf Pigniu, um über sein Leben nachzudenken. Auch Kummer wegen unerwiderter Liebe zu einer älteren Frau soll eine Rolle gespielt haben. In dem hölzernen früheren Pfarrhaus unterhalb der Kirche zieht es durch alle Ritzen.

Nach einer Phase mit körperlichen Experimenten ohne Schlaf und Essen nimmt er einen alten Laptop und ein einfaches Audiobearbeitungsprogramm und komponiert Songs mit hohem Love-Faktor. Zeit spielt für ihn keine Rolle. Sie arbeitet gewissermassen für ihn. Schliesslich war er der ihn verschmähenden Frau noch viel zu jung, wie es im Song «Ich bin zu jung, für alle deine Wünsche viel zu jung» kummervoll klingt. Dagobert bleibt in Pigniu fünf Jahre, bis er den Weg zurück nach Berlin und in die Musikwelt findet. Seine Songs auf dem Debütalbum «Dagobert» von 2013 treffen dank einer Mischung aus Retro-Synthiepop und ehrlichem Gefühl den Geschmack der Hipsterwelt mit der Wucht einer alpinen Lawine.

Auch wenn sich Dagobert selbst als «Schnulzensänger» bezeichnet, passt das Label «Schlager» nicht ganz auf ihn. Schönheit, wahre Gefühle und ein stilvoller Frack sind ihm wichtiger als eine eigene Wohnung, Schnitzel und ein heiler Frack. Vielleicht konnte sein Avantgarde-Schlager nur hier, fern von Grossstadt und der angebeteten Frau, im verschlafenen Pigniu entstehen – im Haus mit undichten Fenstern.

Adresse Casa Parvenda (unterhalb der Kirche), 7156 Ilanz/Glion-Pigniu | **Anfahrt** H 19, Ilanz–Disentis, 1. Ausfahrt Rueun, nach 400 Metern links auf Davos Baselgia, nach 550 Metern links und gleich wieder rechts über die Brücke auf S. Antoni, nach 5 Kilometern links auf Dado Casa Parvenda | **Öffnungszeiten** Einfache Schlafgelegenheiten im Haus vermietet die Ustria Alpina (siehe Tipp). | **Tipp** In der «Ustria Alpina» gibt es gute, rustikale Gerichte und eine schöne Aussicht (wenige Meter auf Dado Casa Parvenda weiter, rechts circa 70 Meter den Hügel hinauf; Miasas 34, Mi–So ab 10 Uhr, Di ab 12 Uhr).

46 Das Heeresgemälde

Langer Marsch über die Pässe

So hübsch ordentlich marschierend, wie die Soldaten überlebensgross auf der Staumauer des Lag da Pigniu dargestellt sind, dürften sie nicht im Dorf eingetroffen sein. Vielmehr verdienen die damals 70 Einwohner von Panix, dem heutigen Pigniu, im Nachhinein noch Bedauern, denn die Truppe, die am 7. Oktober 1799 im Dorf eintraf, war von Hunger, Kälte und Kriegsmüdigkeit ausgezehrt und liess von den beweglichen Teilen des Dorfes nicht viel übrig. Beliebtestes Souvenir der Soldaten waren Schuhe. Das verwundert wenig, schliesslich war der 2.407 Meter hohe Panixerpass, den das Heer von General Suworow gerade überschritten hatte, nur der letzte von diversen Pässen, aber er war wohl der eine Pass zu viel für die geschwächte Armee, und obendrein war der Winter eingebrochen. Den schwierigen Weg mit tiefem Schnee überlebten 2.000 russische Soldaten nicht. Sie verhungerten, erfroren oder stürzten ab. 15.000 kamen in Panix an, im Gepäck mehr als 1.000 gefangene Franzosen.

Aufgebrochen war General Alexander Wassiljewitsch Suworow mit seiner Armee von 22.000 Mann in Norditalien, wo er für eine aus Russland, Österreich und England bestehende Koalition die französischen Besatzer vertrieben hatte. Nun sollte Suworow die Schweiz befreien, wo Frankreich die «Helvetische Republik» als Vasallenstaat eingerichtet hatte. In Zürich war ein Zusammentreffen mit seinem Kollegen Rimski-Korsakow und verbündeten Österreichern geplant. Nachdem Suworows Armee den Gotthard überquert hatte, erfuhr er von der Niederlage der Verbündeten. So wurde der vorgesehene Weg verlassen und über verschiedene Pässe ins Glarnerland ausgewichen. Dort blieb wegen der französischen Truppen in der Umgebung nur der Weg über den Panixerpass.

Seiner Mission war wenig Erfolg beschieden, von Panix zog Suworows Armee weiter ins verbündete Österreich. Doch bis heute wird der General in der Schweiz als Befreiungsheld verehrt.

Adresse Sur Vischnaunca, 7156 Ilanz/Glion-Pigniu | **Anfahrt** H 19, Ilanz–Disentis, 1. Ausfahrt Rueun, nach 400 Metern links auf Davos Baselgia, nach 550 Metern links und gleich wieder rechts über die Brücke auf S. Antoni, nach 5 Kilometern geradeaus weiter zum Stausee | **Tipp** Rund eine Stunde dauert der Spaziergang um den Stausee, der Weg ist einfach und bietet schöne Ausblicke auf die umliegende Bergwelt.

47 Der Polenweg

Strassenbau und verbotene Liebe

Im Juni 1940 kämpften viele polnische Soldaten gemeinsam mit Franzosen gegen die Deutsche Wehrmacht. Als sie im Osten Frankreichs eingeschlossen wurden, blieb nur die Flucht über die Schweizer Grenze.

Die 13.000 Polen unter den Flüchtigen wurden in der ganzen Schweiz interniert. Bald wurden sie beim Bau von Strassen und Brücken eingesetzt, im Bergbau oder bei der Kultivierung landwirtschaftlicher Flächen. Viele konnten aber auch speziell für sie eingerichtete Gymnasien besuchen, und manche studierten später.

Offiziell waren sie Geduldete, aus humanitären Gründen aufgenommen und in Lagern untergebracht, ihre Bewegungsrechte waren eingeschränkt. Von den Einheimischen wurden sie jedoch herzlich aufgenommen – besonders der weibliche Teil der Bevölkerung soll den Fremden, die eine Aura des Geheimnisvollen umwehte, sehr gewogen gewesen sein. Viele Schweizer Männer wachten zudem im militärischen Einsatz an den Grenzen. Und so wurden enge Bande mit den Fremden geknüpft. Schokolade soll noch die harmloseste Süssigkeit gewesen sein, mit der Schweizer Frauen die Polen überhäuften. Zwar gab es Regelungen, die enge Kontakte zu Einheimischen verhindern sollten, und offiziell herrschte ein Heiratsverbot zwischen den Internierten und Schweizer Frauen, doch was will ein Gesetz die Liebe verhindern?! So kam es bis Oktober 1945 zu 316 Eheschliessungen zwischen Schweizerinnen und Polen. Nach dem Krieg emigrierten die meisten in andere Länder, etwa tausend ehemalige Soldaten blieben in der Schweiz.

Einer der von ihnen gebauten Wege, die allgemeinhin als «Polenwege» bekannt sind, verläuft auf der rechten Seite des Vorderrheins zwischen Tavanasa und Ilanz. Beim Bahnhof von Rueun kann man den Rhein überqueren und auf den Weg gelangen. Wendet man sich dort nach links, trifft man bald vor einer Wiese auf einen kleinen Bildstock, der an die Leistungen der Internierten erinnert.

Adresse Bahnhof, S. Clau, 7156 Ilanz/Glion-Rueun | Anfahrt H 19, Ilanz–Disentis, nach 4,4 Kilometern links auf S. Clau, am Bahnhof Rueun parken, über die Rheinbrücke | Tipp Das Stadtzentrum von Ilanz, der «Ersten Stadt am Rhein», ist klein, hat aber einige lauschige Winkel zu bieten.

48 Das Rundfunkmuseum

Technik, die begeistert

Nizza–Warschau–London–Algier – mit jedem leichten Weiterdrehen am Frequenzregler leuchtet auf der Europakarte im Gehäuse ein anderes Lämpchen auf – jeweils bei der Stadt, aus der gerade gesendet wird. Der «Ingelen Geograph» von 1938 ist eines der Highlights in Ernst Morettis Sammlung, auch wenn die Sender heute natürlich nicht mehr auf ihren Frequenzen zu hören sind. Gewitzt kommt auch «Mrija 301» daher. Das Modell von 1971 lässt die Sowjetunion technisch nicht so rückständig erscheinen. Auf den ersten Blick nur ein kleines transportables Kofferradio, präsentiert sich oben im Gerät nach Ausklappen ein kleiner Teller, auf dem auch grosse Schallplatten laufen.

Etwa 300 Modelle – Radiogeräte, Fernseher und Grammophone – sind in «Ernestos Grammophon- und Rundfunkmuseum» zu sehen, weitere 300 sind aus Platzmangel ausgelagert. Man merkt Moretti die Begeisterung an, wenn er seine liebsten Stücke vorstellt – ein buntes Kindergrammophon zum Beispiel oder ein signierter Phonograph von Thomas Edison. «Die Modelle früher waren halt einfach schöner», meint der gelernte Elektromonteur, und wenn man sich hier umschaut, muss man ihm recht geben. Ein grosser Teil der Radios stammt aus den 1920er und 1930er Jahren, viele sind aus edlen Hölzern und in floralem Jugendstil-Design gefertigt.

Mit dem Sammeln hat Moretti im Kindesalter begonnen – «in den 1970er Jahren bekam man die Geräte schliesslich noch im Dorf geschenkt», verrät er, was heisst: heute wohl nicht mehr. Im zarten Alter von acht Jahren hat er einen ersten Fernseher wiederhergerichtet – da war der Weg wohl vorgezeichnet. Mit der Zeit und den Neuanschaffungen wurde es dann irgendwann zu eng im Haus, und die Sammlung bekam eine eigene Heimstatt.

Nach und nach bringt er alle Geräte zum Laufen. Alles keine Wissenschaft, meint er, denn Elektronik bestehe im Prinzip immer aus drei Elementen: Halbleiter, Widerstand, Kondensator. Na, dann.

Adresse Ernestos Grammophon- und Rundfunkmuseum, Pagrüegerstrasse 34, 7249 Klosters-Serneus-Pagrüeg | **Anfahrt** H 28, Landquart – Davos, nach 27 Kilometern, kurz nach dem Saas-Tunnel, rechts auf Pagrüegerstrasse, nach 200 Metern zweimal rechts | **Öffnungszeiten** Voranmeldung unter Tel. 079/6113212 | **Tipp** Ein Gegenprogramm gibt es im «Nutli Hüschi» in Klosters. Im historischen Holzhaus ist ein Heimatmuseum untergebracht (Monbielerstrasse, 7250 Klosters-Platz, Öffnungszeiten unter www.museum-klosters.ch/).

49_Das Skigebiet Gotschna-Parsenn

Rote Blutkörperchen auf unschuldig Weiss

Als Wintersportorte noch dem Jetset vorbehalten waren und Prominenten-Doku-Soaps wie Selfie-Orgien in ferner Zukunft lagen, mussten sich berühmte Menschen nicht selbst im Rausch der Geschwindigkeit auf den Pisten beweisen. Das konnte man getrost waghalsigeren und geübten Naturen überlassen und deren Tollkühnheit in nobler Zurückhaltung aus der Ferne bewundern.

Zu den melancholisch-sehnsuchtsvoll Beobachtenden des Skigeschehens soll auch Françoise Sagan gehört haben, Autorin des Skandalromans der 1950er Jahre «Bonjour Tristesse». Sie war ansonsten durchaus dafür bekannt, sich aktiv in rasante Vergnügungen zu stürzen. In Klosters soll ihre Aufmerksamkeit jedoch ganz den in Rot gekleideten Skilehrern gegolten haben, den «roten Blutkörperchen» der Parsenn. Sie waren der exzessiv lebenden Schriftstellerin Musen bei ihrem literarischen Schaffen.

Nobel geht es im schneesicheren Klosters auch heutzutage zu. Mancher prominente Gast gleitet die Hänge hinunter in den Ort, der mit vielen kleinen Chalets ein beschauliches Pendant zum nahen, städtischen Davos darstellt.

Diese Beschaulichkeit tut dem Eifer der tollkühnen Skilehrerinnen und Skilehrer an den Hängen der Hausberge Gotschna-Parsenn und Madrisa keinen Abbruch. Und auch heute wird ihnen mancher Ski- oder Snowboardtourist schmachtend hinterherblicken. Wer als Amateur auf der Hochfläche zwischen Gotschnagrat und Parsenn steht, die weisse Pracht rundum ausgiebig genossen hat, kann ja versuchen, es den Profis gleichzutun und sich die Hänge hinunterstürzen. Vielleicht wird man mit ansprechender Carving-Technik auch zum Sehnsuchtsobjekt einer nicht teilnehmenden, beobachtenden Schriftstellerin – wenngleich Françoise Sagan eine Schussfahrt sicher am meisten goutiert hätte.

Adresse Seilbahn Gotschnagrat (Talstation), Gotschnastrasse 19, 7250 Klosters-Serneus-Platz | **ÖPNV** Bahnhof Klosters-Platz (gleich neben der Seilbahn-Talstation) | **Anfahrt** H 28 Landquart–Davos, nach 27,5 Kilometern rechts auf Prättigauerstrasse Richtung Klosters, nach 4,4 Kilometern rechts auf Gotschnastrasse | **Öffnungszeiten** Betriebszeiten der Seilbahn Anfang Dez.–Mitte April 8.15–16.45 Uhr (genaue Tage unter www.davosklostersmountains.ch/de/mountains/winter/live-info) | **Tipp** Wer sich nicht gerne zwei Skier unter die Füsse schnallt, kann im Parsenn-Gebiet im Winter das Tal auch auf Kufen erreichen oder die Hochflächen wandernd erkunden.

50 Die Alpkäseprämierung

Wer hat den besten Laib?

Irgendwo zwischen Stecknadelkopf und Kirsche darf die Grösse liegen – die Grösse der Löcher wohlgemerkt. Gleichmässig und rund sollten sie zudem sein; und allzu viele sollte ein Bündner Alpkäse auch nicht aufweisen, er ist schliesslich kein Emmentaler. Doch die Lochung ist nur ein Kriterium bei der Kantonalen Alpkäseprämierung am Plantahof. Die äussere Form des Käses fliesst ebenso in die Bewertung ein wie der Teig: Der sollte einen festen Biss haben, nicht pappig sein, aber auch nicht zu brüchig. Die meisten Punkte gibt es jedoch, wie es sich gehört, für den Geschmack. Zwar scheiden sich die Geschmäcker bei selbigem, doch hier zählt, dass der Käse seinem eigenen Charakter entsprechend gut mundet. Mangelnde Intensität oder eine zu salzige Note bedeuten Punkteabzug.

Eine ernste Angelegenheit ist die Bewertung der Alpkäse. Die Juroren sind mehrere Stunden mit der anonymisierten Beurteilung beschäftigt. Vier Dreier-Teams, bestehend jeweils aus einem Sennen, einem Berater und einem Konsumexperten, bewerten dann um die 80 Laibe. Nachmittags bei der Prämierung, wenn verkündet wird, ob eine oder mehrere Alpen die vollen 20 Punkte erhalten, gibt es emotionale Momente. Anschliessend kann interessiertes Publikum die Käse degustieren. Wettbewerb ist nicht der primäre Zweck der Veranstaltung, vielmehr geht es darum, den Sennen Tipps für weitere Qualitätsverbesserungen mit auf den Weg zu geben.

Insgesamt hat man am Plantahof keinen geringeren Anspruch, als den Menschen in der ländlichen Region Graubündens eine «emotionale Heimat» zu bieten. Gleichzeitig soll die wirtschaftliche Basis der bäuerlichen Landwirtschaft gestärkt werden, ohne die Tradition aufzugeben. Dazu gibt es ein umfangreiches Kurs- und Weiterbildungsangebot in vielen Bereichen der Landwirtschaft und im Agrotourismus. Im Hofladen kann man Produkte aus regionaler Erzeugung kaufen.

Adresse Kantonsstrasse 17, 7302 Landquart | Anfahrt A 13, Sargans – Chur, Ausfahrt Landquart, auf H 13 Richtung Davos, nach 700 Metern Ausfahrt Richtung Landquart, nach 250 Metern im Kreisverkehr 1. Ausfahrt, Richtung Chur, nach 800 Metern rechts auf Plantahof | Öffnungszeiten Termin der Alpkäseprämierung wie Veranstaltungen unter www.gr.ch/DE/institutionen/verwaltung/dvs/lbbz/, weitere Infos unter Tel. 081/2576000; Hofladen Di 13.30 – 18 Uhr, Fr 9 – 12 und 13.30 – 18 Uhr, Sa 9 – 12 Uhr | Tipp Jenseits das Rheins, bereits im Kanton St. Gallen gelegen, hat sich bei Pfäfers die wildromantische Taminaschlucht in den Kalkstein gegraben (vom Rheintal durch den Ort ins Taminatal).

51 Das Beinhaus

Am Ende alle beisammen

Wenn jemand stirbt, bettet man ihn zur ewigen Ruhe. So meint man zumindest. Doch der Platzmangel auf Friedhöfen macht oft einen Strich durch dieses Vorhaben – in den Hanglagen der Berge tritt das Problem mitunter verstärkt auf. Nun kann man den Menschen schlecht sagen: «Jetzt ist es aber mal genug mit dem Sterben, der Friedhof ist voll, tut uns leid.» Vielerorts ist es daher üblich, die Überreste der Toten nach einer gewissen Zeit wieder aus ihren Gräbern zu holen. Wie dann mit ihnen verfahren wird, ist von Region zu Region unterschiedlich. In manchen Gegenden Graubündens wurden die Gebeine in einem eigens für sie reservierten Haus aufgestapelt, meist ist solch ein Beinhaus ein kleiner Anbau an der Dorfkirche.

Seltsam dabei die Überlegung: Liegen hier wohl bisweilen zwei Schädel an Schädel, die sich selbigen im Leben am liebsten gegenseitig eingeschlagen hätten? Im Tod sind sie hübsch vereint und vor allem alle gleich, mögen die Lebensverhältnisse noch so verschieden gewesen sein – irgendwie tröstlich.

Im Val Lumnezia gibt es mehrere Beinhäuser. Das Besondere an dem in Vrin, das an der Westseite der Pfarrkirche angebaut ist: Es gibt von aussen genaue Auskunft darüber, was es beinhaltet. Ein Fries aus vier Reihen weiss getünchter Totenschädel ist unter dem Dachansatz in die Fassade eingepasst. Böse – oder stolze – Zungen behaupten, dass nur die Vriner Schädel in der Lage seien, ein Vordach mitzutragen, da sie sich durch besondere Härte respektive Dicke auszeichneten. Was die Totenköpfe ein Vordach tragen lässt, befähigt lebende Exemplare, Traditionen fortzuschreiben. In Vrin gibt es sogar eine moderne Totenstube, in der der Brauch der Totenwache wiederbelebt wurde. Was der Neubau nicht vermag – mit weiss leuchtenden Schädeln dem Betrachter einen Schauer über den Rücken zu jagen –, das alte Beinhaus an der barocken Kirche tut es. «Memento mori!«

Adresse Dado Baselgia/Plaz Cadruvi, 7142 Lumnezia-Vrin | **Anfahrt** H 19, Flims–Disentis, Ausfahrt Ilanz/Val Lumnezia, auf Via Casanova, nach 800 Metern links auf Via Centrala, nach 200 Metern rechts auf Giessli, nach 450 Metern rechts, nach 20,7 Kilometern in Vrin links auf den Parkplatz, 200 Meter auf Dado Baselgia zurück, dann rechts auf Plaz Posta zur Kirche | **Öffnungszeiten** tagsüber geöffnet
Tipp Bei der Kirche von Cumbel steht ein sehr grosses Beinhaus, das allerdings schon länger keine Gebeine mehr birgt, dafür aber acht Schädel in der Fassade, jeder hat seine eigene Nische unter Heiligenbildern – welch privilegierte Plätze.

52 Das Bilderbuch-Dorf

Ach wie gut, dass kaum jemand weiss …

Man geht durch dieses Dorf und denkt: Ein Märchen aus einer anderen Zeit! Alte Holzhäuser und Ställe wechseln sich ab. Blumenkästen vor den Fenstern. Zwischen den Häusern watschelt auch schon mal Federvieh durch schmale, unasphaltierte Verbindungsgänge, hier und da wuchert eine saftige Blumenwiese im Kleinformat, und direkt an vielen Häusern liegt ein kleiner Gemüsegarten. Dann bangt man: Lauert womöglich hinter der nächsten Ecke das Filmteam, das hier ein Revival von Fünfziger-Jahre-Heimatfilm-Kitsch produziert und damit alles als inszeniert entlarvt? Doch da ist kein Filmteam um die Ecke, sondern ein Trampolin, auf dem Kinder toben. Die Idylle in Vrin ist echt.

Bei all der authentischen «Hübschness» geht es in Vrin herrlich unaufgeregt zu. Keine Massen von Touristen strömen in den Ort. Das liegt wohl daran, dass man es eben darauf gar nicht anlegt. Man möchte keine Attraktion oder bewohntes Museum sein, sondern einfach das historische Erbe bewahren und gleichzeitig das Dorfleben lebendig erhalten.

Ein wichtiger Faktor, damit dieses Vorhaben gelingt, ist das Baugesetz, das viel potenziell Entstellendes untersagt – künstlich aufgeschüttete Gartenflächen, Umzäunungen oder Zyklopenmauern. Das ist nicht nur ästhetisch ein Gewinn, es stärkt auch das soziale Miteinander. Um wirtschaftliche Entwicklung zu ermöglichen, darf durchaus gebaut werden – eben am Dorfrand. Beratung ist dabei Pflicht und wird von der Gemeinde bezahlt. Werden Ställe oder Scheunen zu klein, legt man auch mal zwei unter einem Dach zu einem grösseren Bau zusammen. So werden Dorfbild und Kulturlandschaft vor gesichtslosen Neubauten und Zersiedlung geschützt. Baut man neu, greift man zu traditionellen Materialien und nutzt heimische Ressourcen. Als Nebeneffekt springen gleich noch Aufträge für örtliche Handwerksbetriebe heraus, und das Dorf bleibt vor Abwanderung bewahrt.

Adresse 7149 Lumnezia-Vrin | **Anfahrt** H 19, Flims–Disentis, Ausfahrt Ilanz/Val Lumnezia, auf Via Casanova, nach 800 Metern links auf Via Centrala, nach 200 Metern rechts auf Giessli, nach 450 Metern rechts auf Via Sogn Martin, nach 20,7 Kilometern in Vrin links auf den Parkplatz | **Tipp** Am zweitletzten Juli-Wochenende wird es im Val Lumnezia lauter, viel lauter als sonst. Um die 18.000 Besucher und mitunter auch internationale Grössen kommen zum «Open Air Val Lumnezia» in Degen.

53 Die Design-Telefonzelle

Lass das Smartphone zu Hause!

Telefonzellen müssen einiges ertragen. Mal stopfen sich mehr als ein Dutzend Menschen in sie hinein, mal funktioniert man sie im Willen, den öffentlichen Raum mit Intellekt zu füllen, zu Bibliotheken um. Manche Menschen schlafen in einer Telefonzelle, andere richten in ihr einen Pub ein oder geben sich der körperlichen Liebe hin. Vandalismus kennen wohl die meisten Telefonzellen. So etwas tut weh, aber nichts tut so sehr weh wie die Tatsache, dass man sie seit einigen Jahren nicht mehr braucht – dem Mobiltelefon sei Dank.

Gegen den Bedeutungsverlust hilft, wenn Telefonzellen charakteristisches Element im Ortsbild sind, wie die roten Zellen in Grossbritannien. Die sind zwar schön, aber auch uniform. In Vrin steht hingegen eine von Architektenhand individuell gestaltete Telefonzelle. Dafür verantwortlich zeichnet Gion Antoni Caminada. Der Architekt und ehemalige Gemeindepräsident von Vrin wollte nicht, dass in seinem Dorf ein gesichtsloser Glaskasten wie allerorten gebaut wird. Wie bei anderen von ihm entworfenen Bauten im Dorf und in der ganzen Val Lumnezia umgesetzt, sollte auch die Telefonkabine aus regionalen Materialien und mit Elementen der traditionellen Baukunst errichtet werden, allerdings nicht als anbiedernder Abklatsch an die Geschichte.

Caminada erkundigte sich nach den Baukosten einer normierten Kabine der Swisscom. Dann errichtete er eine Telefonzelle aus unbehandelten Fichtenbrettern und in moderner Umsetzung der im Dorf üblichen Strickbauweise, bei der Holzbalken über die Ecken verschränkt werden. Dafür stellte er eine Rechnung in genau der Höhe aus, wie sie für eine Normkabine angefallen wäre. Der Clou: Man kann sich in die Kabine hineinsetzen.

Doch öffentliche Telefone haben keine Konjunktur. So hat die Kabine inzwischen ihre eigentliche Funktion eingebüsst: Ein Telefon ist nicht mehr vorhanden.

Adresse Plaz Posta, 7149 Lumnezia-Vrin | **Anfahrt** H 19, Flims–Disentis, Ausfahrt Ilanz/Val Lumnezia, auf Via Casanova, nach 800 Metern links auf Via Centrala, nach 200 Metern rechts auf Giessli, nach 450 Metern rechts, nach 20,7 Kilometern in Vrin links auf den Parkplatz, 200 Meter auf Dado Baselgia, zurück, dann rechts neben der Post | **Tipp** Vriner Spezialitäten kann man in der Ustria dalla Posta, von der Telefonzelle aus gleich um die Ecke an der Hauptstrasse gelegen, geniessen (Plaz Posta 46, www.postavrin.ch/).

54 Das Schloss der Vordenkerin

Eine Universalgelehrte im 17. Jahrhundert

Es gab im 17. Jahrhundert einiges, das sich für Frauen nicht ziemte. Eigenständig denken gehörte dazu, noch mehr aber: sich an Gelehrtendiskussionen beteiligen und Menschen medizinisch behandeln. Hortensia Gugelberg von Moos, geborene Salis, nahm indes die Konventionen ihrer Zeit nicht als gegeben hin.

Offen trat sie für die Gleichberechtigung von Mann und Frau ein. In ihrer ersten, 1694 erschienenen Publikation »Glaubens-Rechenschafft«, forderte sie Frauen auf, sich zu emanzipieren. Sie selbst hatte dies längst getan. Als Kind von einem Hauslehrer unterrichtet, bildete sie sich anschliessend vor allem in naturwissenschaftlichen Fächern in Eigenregie weiter und wurde eine anerkannte Ärztin. Als eine der ersten Frauen soll sie auch eine Obduktion durchgeführt haben. Ihr Interesse galt jedoch auch weiteren Wissensdisziplinen wie Pharmazie, Religion, Botanik sowie sozialen Fragen. So nahm sie Waisenkinder bei sich zu Hause auf. Sie korrespondierte intensiv mit anderen Gelehrten wie dem Naturforscher Johann Jakob Scheuchzer und dem Theologen Johan Heinrich Heidegger und erlangte die Anerkennung vieler männlicher Kollegen.

Zwar wäre ihr Weg in die Bildungselite ohne den familiären Hintergrund im Adelsgeschlecht derer von Salis kaum möglich gewesen, doch solche Voraussetzungen benötigten männliche Gelehrte ebenso. Frauen war indes selbst in der gesellschaftlichen Oberklasse üblicherweise eine passive Rolle zugedacht.

Auf Schloss Salenegg wurde Hortensia Gugelberg von Moos 1659 geboren, hier starb sie 1715. Im Schloss ist heute das Weingut Schloss Salenegg mit Verkaufs- und Degustationsräumen untergebracht. Die Bedeutung der einstigen Bewohnerin als Kämpferin für Frauenrechte wird in den letzten Jahren zunehmend erkannt. 2019 wurde ihr in Chur ein Theaterstück gewidmet.

Adresse Steigstrasse 23, 7304 Maienfeld | **Anfahrt** A 13, Chur – Sargans, Ausfahrt Maienfeld, rechts auf Maienfelder Strasse, nach 650 Metern links auf Aeuli, nach 450 Metern rechts auf Steigstrasse | **Öffnungszeiten** des Weinguts Mo – Fr 8 – 12 und 13.30 – 17 Uhr, 1. Sa im Monat 11 – 16 Uhr und unter Tel. 081/3021151 | **Tipp** In Maienfeld kann man nicht nur hervorragenden Wein trinken, der Ort bietet auch ein sehr schönes Zentrum mit zahlreichen historischen Bauten.

55 Die Rohanschanze

Freund oder Feind an deiner Seite?

Die Ära des Dreissigjährigen Krieges war nicht nur voll roher Gewalt, wechselnde Bündnisse machten die Verhältnisse auch einigermassen undurchschaubar. Die Bezeichnung «Bündner Wirren» trifft die Situation in Graubünden, wo wiederholt die Habsburger eingefallen waren, recht gut. Die mussten, nachdem sie den Bündnern Besitzungen in Norditalien geraubt hatten, 1631 Frieden mit Frankreich schliessen und ihre Finger von Graubünden lassen, das faktisch französisches Protektorat wurde. Herzog Heinrich von Rohan, als Hugenotte den reformierten Schweizern gewogen, liess in Malans, wo die einzige Rheinbrücke weit und breit stand, eine Verteidigungsschanze bauen. In den Folgejahren schlug er zusammen mit einheimischen Truppen die Österreicher und Spanier immer wieder in die Flucht. Da er den Bündnern jedoch nicht die volle Souveränität über ihre italienischen Gebiete und das Recht, ihren reformierten Glauben auszuüben, geben wollte, verlor er ihre Gunst.

Jörg Jenatsch, protestantischer Freiheitskämpfer (siehe Seite 56) und bei Rohan in Diensten, schmiedete im geheimen «Kettenbund» eine Verschwörung, konvertierte kurz entschlossen zum Katholizismus – dessen Anhänger ihn Jahre zuvor beim «Veltliner Protestantenmord» töten wollten – und holte sich nun Hilfe bei Österreichern und Spaniern, um Rohan zu vertreiben. Im März 1637 zwang er die französischen Truppen zur Aufgabe der Stellung. Rohan immerhin verliess lebend und als ehrenhaft entlassener Protektor das Land – keine Selbstverständlichkeit in jener Zeit. Die Bündner erlangten die Hoheit über ihre Territorien in Italien zurück, jedoch mit eingeschränkter Souveränität und teilweisem Verbot des reformierten Glaubens.

Die Rohanschanze wurde später geschleift. Ihre Überreste sind gleich östlich der Strasse zwischen Landquart und Maienfeld gut sichtbar. Die beachtlichen Ausmasse mit Seitenlängen von 300 Metern sind noch zu erahnen.

Adresse Landstrasse, 7208 Malans | Anfahrt A13, Sargans–Chur, Ausfahrt Landquart, Richtung Davos, 350 Meter hinter dem 2. Kreisverkehr rechts abfahren, im Kreisverkehr die 3. Ausfahrt, dann rechts auf Landstrasse, nach 500 Metern parken | Tipp Über den St. Luzisteig, eine niedrige Passhöhe nach Liechtenstein, fanden in der Vergangenheit viele militärische Bewegungen statt. Heute ist hier ein Militärmuseum, das unter anderem auf die Bedeutung des Pferdes in der Militärgeschichte aufmerksam macht (Juni–Okt. Sa 13–17 Uhr, auf Anfrage zusätzliche Zeiten möglich: www.luzisteig.ch/).

56 Das Castello di Mesocco

Markant und uneinnehmbar

An dieser Burg gibt es kaum ein Vorbeikommen – zumindest für die Augen. Auch wenn das Castello di Mesocco grösstenteils Ruine ist, versperrt es auf dem mächtigen Burghügel den Blick durch das Misox (Val Mesolcina) in beide Richtungen. Gekrönt wird es vom hoch aufragenden Campanile der Burgkirche.

Tatsächlich bewegen sich täglich Tausende auf dem Weg zwischen San Bernardino und Tessin am Castello vorbei. Dabei empfiehlt es sich, von der Autobahn abzufahren und sich die Burg näher anzusehen. Für Besucher mit freundlichen Absichten ist das heute – und war es wohl auch in historischen Zeiten – ohne Weiteres möglich. Für Feinde hingegen galt die Burg in ihrer strategisch herausragenden Position auf einem Felssporn, durch Gräben zusätzlich gesichert, als uneinnehmbar. Wurde man belagert, konnte man es hier schon mal eine Weile aushalten. Die Anlage bot ihren Bewohnern fast alles, was es zum Leben braucht: Käserei, Bäckerei, Vorratsräume, Ställe fürs Vieh, Schmiede, Zisternen, und sogar eine Bienenzucht gab es.

Ursprünglich im 6. Jahrhundert als Kirchenburg errichtet, bauten die Freiherren von Sax sie Anfang des 13. Jahrhunderts zur wehrhaften Festung mit fünf Ecktürmen aus. Ende des 15. Jahrhunderts schloss sich der damalige Besitzer Gian Giacomo Trivulzio dem «Grauen Bund» an. Die Bündner schleiften die Burg dann im Jahr 1526, aus Angst, die mächtige Verteidigungsanlage könne doch irgendwann in Feindeshand gelangen und gegen sie selbst gerichtet werden. Danach verfiel der Bau jahrhundertelang.

Spannend macht einen Besuch, dass man fast überall frei herumklettern und die ehemaligen Teile des Bauwerks erkunden kann. Da verschiedene Bereiche seit den 1980er Jahren wiederhergestellt wurden, kann man sich die Räume der einstigen Kernburg und den Kirchenbereich gut vor Augen führen. Dabei bietet sich zu allen Seiten eine wunderbare Aussicht ins Misoxer Tal.

Adresse Castello, 6563 Mesocco | Anfahrt A13, Chur – San Bernardino, Ausfahrt Mesocco, die H13 überqueren auf Parkplatz, über die Autobahnbrücke, rechts zur Burg | Öffnungszeiten uneingeschränkt zugänglich | Tipp In der historischen Säumerstation in Mesocco hat die «Fondazione Archivio a Marca» ihren Sitz. Bis zu 800 Jahre alte Dokumente der Säumerei sind hier ausgestellt (Infos unter www.graubuenden.ch/de/ausflugsziele/archiv-marca oder Tel. 091/8321214).

57 Der Klangwald

Symphonie der Naturmaterialien

Mystisch ziehen die Nebelschwaden den Hang hinauf. Kurz zeigt sich die Sonne, dann kommt schon die nächste milchige Front. Die Stimmung hoch über dem Schams ist unglaublich ruhig, fast ein bisschen unheimlich. Plötzlich erklingt eine Melodie – nicht weit entfernt scheint jemand mit einem hell klingendem Schlaginstrument verschieden hohe Töne zu erzeugen. Kurze Zeit später Laute, die nahelegen, dass eine ganze Herde Kühe sich nähert. Dann wieder ist da ein anhaltender schwingender Ton, dessen Höhe man nicht so richtig bestimmen kann – die unheimliche Atmosphäre wird so nicht gerade gemindert.

Die Oberton-Symphonie entsteht, wenn das «Steinplatten-Windspiel» durch leichtes Gegeneinanderstossen zum Tönen gebracht wird. Die vermeintliche Kuhherde entpuppt sich als Glockenbaum, an dem eine Reihe Kuhglocken hängen. Und die geschlagene Melodie rührt vom «Baumxylofon» her. Da muss schon jemand zum Schlägel gegriffen haben. Die verschiedenen Fichtenhölzer erzeugen je nach Länge und Tiefe ihrer Aushöhlung einen eigenen Ton.

Der Klangwald «tùn resùn» – die Zusatzbezeichnung bedeutet im regionalen rätoromanischen Idiom «Ton und Widerhall» – bietet über 20 Stationen, an denen man den Wind musizieren lassen und selbst mitwirken kann. Bei der Äolsharfe sorgt der griechische Gott des Windes Aäolus für sphärische Melodien, ganz ohne irdisches Zutun. Bei geringster Veränderung der Windgeschwindigkeit variiert auch der Oberton, den man zu hören bekommt. Wenn der Wind den Hang etwas kräftiger hinaufbläst, tönt auch die Knochenklang-Station selbstständig. Durch Ziehen an einer Leine kann man nachhelfen.

Alle Objekte haben einen Bezug zu heimischen Materialien und Gebrauchsgegenständen. Versucht man sich an jeder Station, kann der Weg schon mal mehr als die veranschlagten 50 Minuten dauern. Die ruhige Umgebung hilft beim Wahrnehmen dieser Klangwunderwelt.

Adresse Neben Gaststätte «Pizzeria Orta», 7433 Muntogna da Schons-Lohn | **Anfahrt** A13, Chur–San Bernardino, Ausfahrt Zillis, nach 1,5 Kilometern rechts auf Mulegn, nach 300 Metern links auf auf Schamserbergstrasse/Pardi Sut, nach 1,9 Kilometern rechts nach Lohn/Schamserberg, nach 5 Kilometern links und wieder scharf rechts, am Anfang des Dorfes am Restaurant Orta parken, an der Gaststätte vorbei | **Öffnungszeiten** Mai–November | **Tipp** Ein Spaziergang durch das Dorf Lohn lohnt. Die wenigen Häuser liegen weltentrückt wie in einer Loge über dem Schams (Val Schons). Stärken kann man sich in der «Pizzeria Orta» am Beginn des Klangwalds.

58 Der Gletscherlehrpfad

Lehrstück über den Klimawandel

Noch beim Bau der Bernina-Bahn 1910 reichte der Gletscher bis fast an die Gleise heran. Heute ist an der Bahnhaltestelle Morteratsch davon nichts mehr zu sehen. Auf dem Gletscherlehrpfad in Richtung Morteratschgletscher künden abgeschliffene Felsen an den Talflanken davon, dass die Landschaft einmal von Gletscherhand erschaffen wurde, heutzutage wandert man jedoch durchs Grüne. Schilder am Wegrand geben Aufschluss über den Schwund – sie markieren Endpunkte der Gletscherzunge zu bestimmten Zeitpunkten. Zwischen 1900 und 1920 liegen beispielsweise etwa 200 Meter. Geht man den Lehrpfad weiter, stellt sich heraus: Die Abstände werden länger, und das, obwohl das Gletscherende hier in Zehn-Jahres-Abständen vermerkt ist – so hat sich der Morteratschgletscher allein zwischen 1950 und 1960 um weitere 300 Meter zurückgezogen. Auch wenn der jährliche Rückgang stark variiert – im Durchschnitt verliert der Gletscher rund 40 Meter Länge pro Jahr. Im Jahr 2015 waren es rekordverdächtige 164 Meter. Insgesamt ist er zwischen 1900 und 2017 um 2.500 Meter kürzer geworden.

So ist er auf einmal ganz nah, der sonst abstrakt wahrgenommene Klimawandel. Man fragt sich unweigerlich, ob übernächste und überübernächste Generationen noch Gletschereis in den Alpen zu sehen bekommen werden. Der Lehrpfad vermittelt jedoch nicht nur Erkenntnisse zur Geschwindigkeit des Gletscherrückzugs, sondern auch zu neuem Leben auf ehemaligem Gletschergrund – die Natur passt sich an.

Hat man die Gletscherzunge erreicht, beeindruckt sie allemal, selbst mit sommerlichem Grauüberzug. Der Morteratschgletscher ist mit immer noch sechs Kilometern der längste in Graubünden – Stand 2021. Hinter ihm sieht man, falls die Wolken ihn freigeben, den 4.049 Meter hohen Piz Bernina, den höchsten Berg der Ostalpen.

In Zukunft wird der Gletscherlehrpfad wohl eher noch länger werden – in dem Masse, wie der Gletscher kürzer wird.

Adresse Morteratsch, 7504 Pontresina | **ÖPNV** Bahnhof Morteratsch (am Beginn des Lehrpfads) | **Anfahrt** H 29, Samedan – Poschiavo, nach 7,3 Kilometern rechts auf Plauns, Richtung Morteratsch, nach 1,4 Kilometern parken, Gletscherlehrpfad ausgeschildert | **Tipp** Einen perfekten Überblick über den Morteratschgletscher bietet die bewirtschaftete Bovalhütte. Gleich am Anfang des Lehrpfads zweigt rechts ein Weg zur Talflanke hinauf ab. Gehzeit zur Hütte: etwa zwei Stunden (März – Okt.).

59 Die Casa Tomé

Mitten im Leben

Gleich könnten die Schwestern Luigia und Marina Tomé nach Hause kommen. Ihre Kleider hängen aufgereiht an einer Stange. In den Küchenregalen steht wohlsortiert eine bunte Schar Krüge, Schüsseln, Einmachgläser. Unordentlichkeit kann man ihnen nicht nachsagen – auch wenn eine Zeitung aufgeschlagen liegt. Doch die zwei alten Damen werden nicht kommen, denn 1990 haben sie als letzte Bewohnerinnen das Haus für immer verlassen, um in einem Seniorenheim ihren Lebensabend zu verbringen.

In ihrem ehemaligen Zuhause, der Casa Tomé, geht man durch den Alltag der Familie, das macht das Museum zu einem lebendigen Ort. Nichts ist zusammengetragen, das gesamte Inventar gehörte den Tomés. Und die legten eine Sammlermentalität an den Tag. Neuanschaffungen wurden dem bestehenden Arsenal hinzugefügt, wie bei vier Generationen von Herden zu sehen ist. Weggeschmissen wurde so schnell nichts – wer weiss, wozu man das Alte noch einmal brauchen könnte. Viele Gegenstände weisen Flickspuren auf – in puncto Ressourcenschonung nachahmenswert.

1933 zog die Familie Tomé hier ein. Nach dem Tod des Vaters führten vier Schwestern mit ihrer Mutter jahrzehntelang ein einfaches Leben. Von den Segnungen der Moderne hielten sie offenbar wenig – weder Heizung noch sanitäre Anlagen kamen ihnen ins Haus. Da baulich nichts verändert wurde, ist ein archaisches Gebäude aus rohem Mauerwerk erhalten, wie man es selten zu Gesicht bekommt, dicke Patina inklusive. Der älteste Teil stammt aus dem Jahr 1357. Menschliche und tierische Bewohner nutzten denselben Eingang, der zunächst in einen überdachten Innenhof führt, gleich daneben liegt eine kleine Werkstatt. Wie früher üblich waren in der Casa Tomé Räume zum Wohnen und Wirtschaften unter einem Dach vereint und überschnitten sich in ihren Funktionen. So war der Stall als wärmster Raum auch ein Ort familiären Beisammenseins – das liebe Vieh inbegriffen.

Adresse Via dai Puntunai 219, 7742 Poschiavo | **Anfahrt** H 29, Pontresina – Poschiavo, nach 24,6 Kilometern rechts über die Brücke, dann links, nach 180 Metern rechts parken, 30 Meter weiter, links über die Brücke, gleich rechts auf Via dai Puntunai **Öffnungszeiten** Mitte Juni – Mitte Okt., Di, Mi, Fr, So 14 – 17.30 Uhr. Führungen für Gruppen möglich unter Tel. 081/8341020 | **Tipp** Einen Gegenpol zum Museum des einfachen Lebens bildet der Palazzo de Bassus-Mengotti. Hier werden die historischen Lebensverhältnisse der wohlhabenden und mächtigen Familien im Val Poschiavo veranschaulicht (Via da Spultri, Öffnungszeiten wie Casa Tomé).

60 Die Palazzi der Spaniolen

Zuckerbäcker-Klassizismus

Fällt der Begriff «Zuckerbäcker-Klassizismus», denkt man an kommunistische Prunkbauten. In Poschiavo passt die Bezeichnung in ganz anderer Weise auf eine Reihe von Gebäuden: Am südlichen Rand des Ortes stehen klassizistische Paläste in bescheidenem Ausmass, die nur durch die Zuckerbäckerkunst der Einwohner von Poschiavo entstehen konnten. Die Villen sind eine steingewordene Auswanderer-Erfolgsgeschichte.

Und die geht so: Im 19. Jahrhundert zwang Armut viele Bewohner des Val Poschiavo zur Auswanderung. Man verteilte sich in alle Himmelsrichtungen, bis nach Nord- und Südamerika, Russland und Australien. Viele Emigranten liessen sich in Porto, Madrid oder Barcelona nieder, gründeten Restaurants und Confiserien und begründeten so den Ruhm Bündner Zuckerbäckerkunst. Einige waren damit sehr erfolgreich und brachten es zu Wohlstand. Nach Jahrzehnten kehrten die Familien zurück – den Bewohnern des Puschlav, wie das Tal auf Deutsch heisst, sagt man eine unerschütterliche Heimatverbundenheit nach. In Poschiavo liessen die «Spaniolen», wie man die Heimkehrer aus Spanien nannte, Paläste errichten, denen man die architektonische Beeinflussung durch Gebäude ihrer zweiten Heimatstädte gut ansehen kann.

Der damalige Bürgermeister Tomaso Lardelli wies an, dass alle Palazzi in einer Reihe zu stehen hatten. Dank glücklichem Zufall weilte der Architekt Giovanni Sottovia in der Stadt, als Venezianer natürlich ein Garant für stilsichere Umsetzung von Bauwünschen. So entstand eine kleine Prachtstrasse – und das direkt am Grünen, denn auf der gegenüberliegenden Strassenseite verfügen alle Palazzi über einen grossen Garten, in manchem steht ein Pavillon. Dahinter liegen locker bebaute Flächen. So grüssen die Palazzi von Süden Ankommende bereits von Weitem und künden davon, wie die Bündner Zuckerbäcker ein Stück Grandezza und Baukultur aus den Metropolen der weiten Welt nach Poschiavo brachten.

Adresse Via di Palaz, 7742 Poschiavo | **Anfahrt** H 29, Pontresina – Poschiavo, nach 24,6 Kilometern rechts über die Brücke, links auf Via da Spultri, nach 600 Metern links auf Strada San Bartolomeo, nach 150 Metern rechts auf Via da Mez, nach 100 Metern links auf Via di Palaz | **Tipp** Städtischen Charakter mit italienischem Flair hat die Piazza Communale im Zentrum von Poschiavo.

61__Die Riesen-Spaghetti

Size matters

Auch wenn uns gutmeinende Jugendzeitschriften anderes weismachen wollen – Grösse spielt eben doch eine Rolle. In Poschiavino gilt dies für nichts mehr denn – Pasta. 92 Zentimeter sind die «Spaghetti giganti» aus der «Molino e Pastificio» lang. Da Schneiden in diesem Fall eine Todsünde ist, ist der Verzehr keine ganz leichte Übung.

Riesig ist bei den «Spaghetti giganti» allerdings nicht nur das Ausmass, sondern vor allem der Geschmack. Und das hat seine Gründe. In der Mühle der Familie Fisler setzt man auf die optimale Mischung aus grob und fein gemahlenen Hartweizen-Anteilen, anstatt wie sonst aus Kostengründen ganz fein zu mahlen. Heraus kommt eine bessere Konsistenz und fester Biss. Ein weiterer Clou: Die Teigpressmaschinen haben im Inneren eine Bronzelegierung, was dem einzelnen Spaghetto eine rauere Oberfläche verleiht. So klappt es dann auch mit der Sauce, die besser am Teig haften bleibt. Auch hängt man die Spaghetti zum Trocknen statisch auf und unterzieht sie nicht wie in der Massenproduktion einer Trocknungskette – früher hingen sie gar eine Woche lang bei Zimmertemperatur an Holzstangen, was über eine langsame Gärung einen noch stärker süsssäuerlichen Geschmack erzeugte.

Begonnen hat alles vor mehr als 100 Jahren. Der Bau der Bernina-Bahn zog viele Arbeitskräfte aus Italien ins Val Poschiavo – und die wollten Pasta. Samuele Fisler erkannte die Chance für seine Mühle und begann Anfang des 20. Jahrhunderts mit der Herstellung von Teigwaren.

Um die 120 Tonnen Spaghetti, Ternatta, Vermicelli sowie Pizzoccheri, die Puschlaver Buchweizenspezialität, verlassen jedes Jahr die Mühle. Auf Voranmeldung kann man bei der Produktion der Pasta zusehen und sie vor Ort erwerben. Auch wenn man sich nicht für die Beinahe-Meter-Spaghetti entscheidet, sondern zur Normalversion mit 43 Zentimetern greift – eine besondere Nudel hat man in jedem Fall im Mund.

Adresse Via Principale 1, 7742 Poschiavo | Anfahrt H 29, Pontresina – Poschiavo, nach 24 Kilometern am Ortseingang von Poschiavo links | Öffnungszeiten Besichtigung mit Voranmeldung unter Tel. 081/8440228 | Tipp Pasta aus der «Molino e Pastificio» oder andere Spezialitäten aus dem Val Poschiavo kann man sich im «Hotel Restaurant Albrici» im historischen Zentrum schmecken lassen (Piazza Communale).

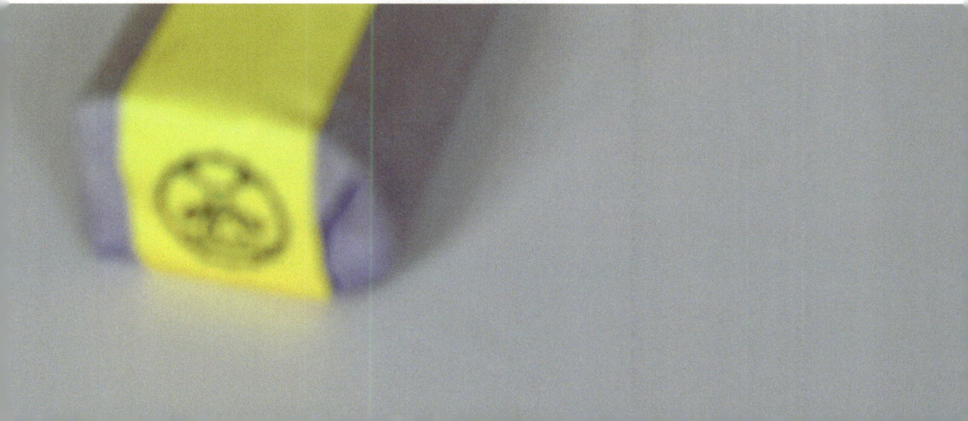

62 Das Wohnhaus von Wolfgang Hildesheimer

Zuflucht vor der Barbarei

Kommt man von Norden nach Poschiavo, hat man hohe Pässe überquert. Hier im Tal deuten Architektur und Essen unmissverständlich darauf hin, dass man den Süden erreicht hat, Italien ist schon sehr nah. Gleichzeitig schirmen die hohen Berge vor den Ungemütlichkeiten der Welt ab. So nahm es auch Wolfgang Hildesheimer wahr. Der Autor fand hier, im stillen Winkel zwischen den Gipfeln, seinen dauerhaften Fluchtort. Zuvor war der jüdischstämmige Hildesheimer viele Jahre und über viele Stationen durch die Welt geirrt. 1916 in Hamburg geboren, emigrierte er 1933 nach Palästina, absolvierte später ein Grafik- und Malerei-Studium in London. Nach dem Krieg kehrte er nach Deutschland zurück, dolmetschte bei den Nürnberger Nazi-Prozessen und mischte die Gruppe 47 mit frischen literarischen Inhalten auf. Doch der Geist des Antisemitismus war in Deutschland noch präsent, Hildesheimer wanderte 1957 in die Schweiz aus.

In Poschiavo kam er äusserlich zur Ruhe und blieb die ganze zweite Lebenshälfte. Der Natur des Tals, den Menschen und nicht zuletzt dem guten Essen fühlte er sich verbunden. Die hohen Berge bedeuteten ihm Schutz gegen Barbarei und Naturzerstörung in der Welt. Diese Sujets beschäftigten den Autor, der vormals für Kurzgeschichten und satirische Theaterstücke bekannt war, in seinen Werken mit den Jahren immer mehr. Romane wie «Tynset» sind von einer tiefen Innerlichkeit geprägt. Hildesheimer prophezeite die völlige Selbstzerstörung der Menschheit. Gegen Ende seines Lebens wandte er sich aus Verzweiflung darüber vom Schreiben ab. Danach arbeitete er nur noch an Collagen und Grafiken – sein zweites künstlerisches Talent.

Im Haus in der Via del Poz lebte Wolfgang Hildesheimer von 1961 bis zu seinem Tod 1991. Begraben ist er auf dem evangelischen Friedhof in Poschiavo, gleich neben der Piazza Communale.

Adresse Via dal Poz 58, 7742 Poschiavo | **Anfahrt** H 29, Pontresina – Poschiavo, nach 24,6 Kilometern rechts über die Brücke, gleich links, nach 180 Metern rechts parken, 30 Meter weiter, links über die Brücke, nach 100 Metern auf San Giovanni, rechts und wieder links auf Via dal Cunvent, nach 30 Metern rechts, nach 100 Metern geradeaus auf Via dal Poz | **Tipp** Das Frauenkloster Santa Maria Presentata ist ein kulturelles Kleinod mitten in Poschiavo. Die Schwestern wissen manchen Schwank aus der Geschichte des Klosters und des Tals zu berichten. Auf Anfrage können Collagen von Wolfgang Hildesheimer besichtigt werden (Via dal Cunvent 45, Tel. 079/7410570).

63 Der Ziegentrieb

Auf Umwegen zur Alp

Tröööt – das Horn erklingt. Gleich kommen sie um die Ecke, die Ziegen von Hinterrhein. Manche haben ein Glöckchen um, so kündigt sich ihr Nähern an. Bei ihrem Zug durchs Dorf legen sie viele kurze Abstecher ein und lassen ihrer Neugier freien Lauf. Immer wieder bieten sich Plätze und Objekte, die zu inspizieren sind. Auch die Zaungäste des Spektakels werden eingehend untersucht. Wenn es regnet, wandeln die Ziegen unter den vorstehenden Dächern oder flüchten sich in offene Scheunen- oder Garagentore am Weg und verweilen dort so lange, bis der Hirt kommt. Dann nützt alles Zögern und Verstecken nichts, denn der Hirt ist der Chef und treibt unerbittlich auf den rechten Weg in Richtung Alp, ein Stock hilft bei der Disziplinierung auch der Widerspenstigsten.

Dann wird die Autobahn unter- und der Rhein überquert, und schon steuern die Ziegen zielstrebig die saftigen Sommerweiden an, um sich satt zu fressen. Bis zum San-Bernardino-Pass führt die Route manchmal hinauf. Von Anfang Juni bis Mitte August wird täglich um 7 Uhr 30 losmarschiert – pünktlich; um 18 Uhr 30 ist man zurück. Sonntags ist Ausschlafen angesagt – da geht es eine halbe Stunde später hinauf und eine halbe Stunde früher zurück. Wenn die Weiden dort leer gegrast sind, Ende August, werden die Tiere noch wenige Wochen lang im tiefer gelegenen Sufers auf die Sommeralp getrieben, den Rest des Jahres verbringen sie im Stall in Hinterrhein.

Auch wenn es früher einmal bedeutend mehr Tiere waren, lebt die Tradition des Ziegentriebs in Hinterrhein, das noch stark von der Landwirtschaft geprägt ist, fort. Wenn die Ziegen am frühen Morgen über das Kopfsteinpflaster der einzigen Strasse des Dorfes ziehen, vorbei an den alten Häusern mit kleinen, nicht umzäunten Gärten und dem Dorfbrunnen, und nicht einmal ein parkendes Auto im Zentrum des Dorfes zu sehen ist, glaubt man sich in eine andere Zeit versetzt.

Adresse vor Dorfstrasse 11, 7438 Rheinwald-Hinterrhein | Anfahrt A13, Chur–San Bernardino, Ausfahrt Hinterrhein, nach 150 Metern rechts auf Dorfstrasse, nach 150 Meternbei der Feuerwache parken | Öffnungszeiten etwa Juni–Mitte Aug. Mo–Sa 7.30 und 18.30 Uhr, So 8 und 18 Uhr; Zeiten können infolge der Wetterlage abweichen. | Tipp In einer Nische des Hauses Dorfstrasse 5 gibt es allerlei Spezialitäten zu erwerben – ohne Bedienung rund um die Uhr. Besonders den Bergkäse und die Totenbeinli sollte man nicht verschmähen.

64 Alte Herberge Weiss Kreuz

Süsser die Säumer nie träumten

Man erklimmt Stiege für Stiege die oberen Stockwerke und sieht die Zwischendecken im Querschnitt – dünne, altersschiefe Böden aus Holz, die knarren bei jedem Schritt. Man macht sich leichte Gedanken über die Statik, weiss aber: Das hält alles schon sehr lange! Wie unauffällig sich in die originalgetreue Bausubstanz vom Anfang des 18. Jahrhunderts ein Hotel mit modernem Komfort einfügt, raubt den Atem.

Erbaut wurde die «Alte Herberge Weiss Kreuz» im Jahr 1519. Nach einem Brand 1716 musste fast das gesamte Dorf wiederaufgebaut werden. Wände und Decken im Weiss Kreuz stammen aus dieser Zeit. Das Gebäude war damals eine Herberge für Säumer. Diese Transportleute lieferten mit ihren Pferden, Maultieren und Eseln Handelswaren auf schmalen Pfaden über die Berge – in einer Zeit ohne Fahrstrassen. Splügen war Start- und Zielpunkt einer Saumweg-Etappe. Vom Komfort des heutigen Hotels konnten die damaligen Residenten vermutlich nur träumen, ihr Chef schlief im besten Zimmer unter dem Dach und teilte die weiteren Räume unter seinen Bediensteten auf. Ganz unten erholten sich die Lasttiere.

Mit der Kommerzialstrasse, die Anfang des 19. Jahrhunderts für Pferdefuhrwerke gebaut wurde, kam der Niedergang für das Säumer-Gewerbe und auch für das Weiss Kreuz. Der Verkehr verlief fortan am Dorfkern vorbei, neue Unterkünfte entstanden direkt an der Strasse. Die Alte Herberge Weiss Kreuz wurde zum Bauernhaus umgenutzt.

1998 wurde so behutsame wie möglich saniert, sodass man heute in wunderschönem historischen Ambiente übernachtet. Im ehemaligen Heustall isst man unter mächtigen, sich biegenden Holzbalken, denen man ihr Alter ansieht, hervorragende Wildspezialitäten und nimmt das ein oder andere edle Tröpfchen ein. Man muss es ja nicht denjenigen Säumern gleichtun, die ihren gesamten Lohn bereits beim Besäufnis nach der Arbeit ausgaben.

Adresse Oberdorf 66, 7435 Rheinwald-Splügen | **Anfahrt** A13, Chur–San Bernardino, Ausfahrt Splügen, nach 300 Metern links auf Splügenpassstrasse, links auf Hauptstrasse, nach 350 Metern rechts auf Nü Strass/Neudorfstrasse, nach 300 Metern rechts | **Öffnungszeiten** Mai–Ende Okt. und Mitte Dez.–Ostern Mo–So ab 18.30 Uhr, Tel. 081/6309130 | **Tipp** Gleich neben dem Hotel im Heimatmuseum Rheinwald kann man sehen, mit welchen Mitteln die Säumer über die Berge zogen (Juli–Aug. Di, Do, Sa 16–18 Uhr, ansonsten auf Anfrage unter Tel. 081/6509030).

65 Der Pschuuri-Brauch

Anbandeln mit Schmiere

Hinten in der Hauptstrasse ist ein Opfer ausgemacht – hat es sich durch seinen Geruch verraten? Auf den Jagdinstinkt der «Pschuurirolli» ist Verlass am Aschermittwoch, wenn es wieder darum geht, Kindern und ledigen Frauen das Gesicht zu schwärzen. Die jungen, unverheirateten Männer des Dorfes durchkämmen dann immer wieder den alten Ortskern am Hang. Andere warten an der Rheinbrücke auf ihre Opfer. Wenn dann ein Kind oder – viel besser – eine junge, unverheiratete Frau auftaucht und sich nicht widerstandslos in ihr Schicksal ergibt, geht es zu wie beim Rugby. Über Hunderte Meter wird das Opfer gejagt und so gewaltsam wie eben nötig zu Boden gezwungen, manchmal grätscht auch ein zweiter Jäger von der Seite in die Laufbahn. Da hilft es dann auch nicht, beherzt das Gesicht in den Schnee zu tauchen, das heizt den männlichen Jagdeifer umso mehr an. Schliesslich wird das Gesicht mitsamt Augenlid, Ohrmuschel und Haaransatz mit einer übel riechenden Öl-Kohle-Schmiere schwarz bemalt. So will es der Pschuuri-Brauch. Die Burschen haben es derweil auch nicht ganz einfach: Den ganzen Tag brütet ihr Gesicht unter Tierfellmasken, der Körper ist in Lumpen gehüllt; Schellen sind um den Bauch gebunden, um potenzielle Opfer zu warnen.

Bis Sonnenuntergang müssen alle ledigen Frauen pschuuret, also geschwärzt sein. Abends betteln *Männli* und *Wibli* dann, als Paare vereint, an den Türen des Dorfes um Eier, die sie für das rauschende nächtliche Fest zu Essen und Alkoholischem, insbesondere dem «Resimäda«-Drink, verarbeiten. Zum Fest ist man auch als Gast im Dorf willkommen.

Der Brauch hat die hinreissende Funktion, die Fruchtbarkeit der jungen Bevölkerung anzuheizen. Er wird in dieser Form nur in Splügen gelebt. Kinder und junge Frauen, die zu Besuch kommen, brauchen sich im Übrigen nicht zu fürchten – die Pschuuri-Behandlung widerfährt nur Ortsansässigen.

Adresse Ecke Hauptstrasse/Splügenpassstrasse, 7435 Rheinwald-Splügen | **Anfahrt** A13, Chur–San Bernardino, Ausfahrt Splügen, nach 300 Metern links auf Splügenpassstrasse, links auf Hauptstrasse, nach 300 Metern links parken, 300 Meter zurück zur Rheinbrücke | **Öffnungszeiten** Aschermittwoch, ab Mittag. Es ist ratsam, sich vorab über die Durchführung der Veranstaltung zu informieren: Viamala Tourismus, Tel. 081/6509030 | **Tipp** Die Berge rund um Splügen entfalten im Winter einen ganz besonderen Zauber. Klassisch per Abfahrtsski kann man den Piz Tambo herunterwedeln oder eine anspruchsvolle Skitour machen.

66 Die Schoggitaleraktion

Dank den alten Wutbürgern

... breitet sich hier kein See aus, sondern eine archaische Dächerlandschaft und eines der schönsten Dörfer Graubündens. Dass es das Juwel Splügen überhaupt noch gibt, ist ein Glück – und mutigen Menschen zu verdanken. Manche würden sie heute als «NIMBYs» verunglimpfen – «Not in my backyards» – Leute, die zwar gern an den Segnungen des Fortschritts teilhaben, die unangenehme Begleiterscheinungen im eigenen Hinterhof aber ablehnen. Die Einwohner des Rheinwalds haben genau das getan, doch der Stausee, gegen den sie sich wehrten, hätte ihnen nicht einfach den Hinterhof zugebaut; vielmehr wäre das ganze Tal unter Wassermassen hinter einer 115 Meter hohen Staumauer versunken. Prospekte der Projektbetreiber verhiessen ein glänzendes «Neu-Splügen» auf höher gelegenem Terrain. Doch die Bewohner von Splügen, Medels und Nufenen wollten ihre bestehenden Dörfer nicht dem allgemeinen Energiehunger opfern, sie zogen durchs ganze Land, um für den Erhalt ihrer Heimat zu werben, und gründeten das «Komitee Pro Rheinwald». Der Protest hatte Erfolg – 1946 gab die Politik die Pläne auf.

Weiteres Glück war Splügen 1973 in Form eines Geldstücks beschieden – einem aus Schokolade. Splügen wurde begünstigtes Projekt der Schoggitaleraktion. Mit dem Verkauf von Schokoladenstücken sammeln der Schweizer Heimatschutz und die Organisation Pro Natura jedes Jahr Mittel, um ein ausgewähltes Natur- oder Kulturerbe zu schützen oder wiederherzustellen. In Splügen widmete man den Erlös insbesondere der Sanierung der alten Steinplatten-Dächer, sie war Voraussetzung, damit die gesamte historische Bausubstanz erhalten werden konnte.

Vom Stutzweg oberhalb des alten Ortsteils kann man die urwüchsige Dächerlandschaft auf stolzen Patrizierhäusern und wettergegerbten Holzhäusern als Ganzes betrachten. An der Ecke Oberdorf/Susten hinter dem Heimatmuseum Rheinwald steht man praktisch direkt über einigen Dächern.

Adresse Stutzweg, Oberdorf/Susten, 7435 Rheinwald-Splügen | **Anfahrt** A13, Chur–San Bernardino, Ausfahrt Splügen, nach 300 Metern links auf Splügenpassstrasse, links auf Hauptstrasse, nach 1,2 Kilometern (am Hasenasyl) rechts auf Stutzweg, nach 900 Metern Blick über den Ort bzw. auf Hauptstrasse nach 350 Metern rechts auf Nü Strass, nach 350 Metern zweimal rechts | **Tipp** Eine abenteuerliche Autostrecke führt von Splügen hinauf zum Splügenpass, über den auch gleich die Grenze zu Italien verläuft. Enge Kurven sollte man dabei mögen.

67 Der Spiegelsaal

Prunkvoller Liebesbeweis

Die Liebe kann Berge versetzen – oder ein Gebäude in eine Bergwelt, in die es nicht gehört – wie einen Palast in ein einsames Tal, das von seinen männlichen Bewohnern im Sommer zwecks Gelderdienens verlassen werden musste. Im Winter weilten sie dann im Tal – und meistens im Gasthaus.

Doch Carlo Spadino, der «Spinner», wie sie ihn im Val Calanca nannten, brachte es weiter. Auch er ging in die weite Welt hinaus – 1884 war das – und verdiente sich in Paris als Baumaler ein Vermögen. Im Jahr 1910 kehrte er zurück, im Gepäck seine in Paris geehelichte Frau Martha, ganze 16 Jahre jung. Dumm nur, dass Carlo eigentlich schon eine Frau in Augio hatte. Diesen misslichen Umstand eröffnete er der jungen Martha vermutlich erst nach dem Ankommen – ebenso die Tatsache, dass der neue Wohnort reichlich abgeschieden lag. Um der Dame zwischen Wasserfällen, Hütten und Kuhglocken das Leben zu versüssen, liess Spadino einen Palazzo am Ortseingang von Augio mit prunkvollem Spiegelsaal errichten. Das Interieur – Möbel, aufwendige Deckenverzierungen und Wandvertäfelungen – wurde aus Frankreich importiert und füllte fünf Eisenbahnwagen. Martha wurde bei der Eingewöhnung paradoxerweise die meiste Hilfe durch Spadinos erste Frau zuteil.

Der Palazzo kam bei der kneipenseligen Männerschaft besonders im Winter gut an. Die Hoffnung von Carlo Spadino, mit einem Hotelbetrieb am Alpentourismus-Boom teilzuhaben, erfüllte sich indes nicht.

Rinaldo Spadino, Heimatschriftsteller und Enkel des Erbauers, plante, den Palast nach einer Phase des Niedergangs als Kulturstätte wiederzubeleben. Nachdem entsprechende Pläne bei einem Kunstwettbewerb prämiert wurden, begann die Renovierung. Heute ist «La Cascata» Kulturzentrum für das Val Calanca und Hotel mit besonderer Atmosphäre. Seinen Namen verdankt es dem imposanten Wasserfall «Del Frot» auf der gegenüberliegenden Talseite.

Adresse Augio 13, 6547 Rossa-Augio | Anfahrt A13, San Bernardino – Bellinzona, Ausfahrt Roveredo, auf H 13 Richtung Grono, nach 700 Metern links nach Rossa-Augio | Öffnungszeiten ganzjährig, im Nov. und Jan. jeweils für eine bis zwei Wochen geschlossen (genaue Tage unter www.lacascata.ch/de/). | Tipp Im Sommer (nicht jedes Jahr) findet in verschiedenen Räumen im ganzen Val Calanca das «FestiVal Calanca Demenga» statt, mit klassischen Konzerten, Lesungen und Theaterstücken.

68 Der Calancasca-Weg

Mildes Wasser, wildes Wasser

Dass das tief eingeschnittene Val Calanca einmal vollständig von Eis ausgefüllt war, erscheint schwer vorstellbar. Doch auf diese Weise erhielt es seine Form, später verfeinert von den Kräften der Calancasca. Das Tal lässt sich schön erwandern, am besten beginnt man unter dem Wasserfall «Del Frot» bei Augio und folgt dem Fluss in seinem Lauf. Bald tauchen idyllische kleine Strände auf. Nachdem man bei Sta. Domenica mehrfach die Flussseite wechseln muss, kommt man zu einem sanften Talabschnitt, der Folge eines extremen Ereignisses ist. Steile Bergflanken werfen nämlich nicht nur im wörtlichen Sinn ihre Schatten auf das Tal, sondern von Zeit zu Zeit auch einen Teil ihres Materials. So begrub im Jahr 1513 ein Bergsturz das Dorf Campo Bagigno, gegenüber dem heutigen Cauco. Die Geröllmassen schütteten einen Damm auf, der den Fluss zum See aufstaute. Angeschwemmtes Material liess ihn wieder verlanden – fertig war der Pian d'Alne, ein Stück ebene Fläche mit Grauerlen-Auenwald inmitten der sonst senkrechten Landschaft.

Nachdem der Weg zwischen Cauco und Bodio einen halben Kilometer auf der Strasse weitergeht, biegt man gegenüber dem Abzweig nach Landarenca links zum Fluss ab und folgt diesem weiter bis Selma. Von dort bis Arvigo zeigt die Calancasca ihr wildes Gesicht. Hier ist das Tal eng, teilweise verläuft der Weg über Brücken und Holzstege, die abenteuerlich in den Steilhang gehauen wurden. Der Fluss hat grosse Felsblöcke glatt geschliffen, die – in der Sonne marmorweiss – das Auge fast blenden. Kleine Kaskaden zwischen den Felsen bilden immer wieder Gumpen, in denen man unbedingt ein Bad nehmen möchte.

Weiter unten plätschert es dann wieder gemächlich, bis Arvigo, wo man über eine schöne mittelalterliche Steinbogenbrücke auf die andere Flussseite zur Strasse gelangt. Zurück nach Augio kann man sich mit dem Postauto begeben, aber Achtung: nicht ganz stündlich.

Adresse Augio 13, 6547 Rossa-Augio; Delà del Pont, 6543 Calanca-Arvigo | Anfahrt A13, San Bernardino–Bellinzona, Ausfahrt Roveredo, auf H13 Richtung Grono, nach 700 Metern links nach Rossa-Augio, nach 17 Kilometern am Ortseingang parken, über die Brücke und links 300 Meter zum Wasserfall (Arvigo 9,2 Kilometer vom Abzweig) | Tipp In den Steinbrüchen von Arvigo am unteren Ende des Dorfes wird Gneis angebaut, der seinen Weg selbst bis nach Japan gefunden hat. Vor Ort behauen auch Künstler die Felsen zu Skulpturen.

69_Die Porta Rhaetica

Toblerone aus Beton

Der Grössenwahnsinn der Faschisten sparte auch die Schweiz nicht aus. Im Juni 1940 planten Hitler und Mussolini ihre Aufteilung. Graubünden sollte zusammen mit dem Tessin und dem Wallis an Italien fallen, der Rest der Schweiz an Deutschland. Andere Prioritäten verhinderten jedoch die Umsetzung dieses Plans. Die vorgesehenen deutschen Einheiten wurden für den geplanten Angriff auf die Sowjetunion zurückgestellt. Nazi-Münder spotteten: «Die Schweiz, das kleine Stachelschwein, das holen wir im Rückweg heim.»

Aus schweizerischer Sicht schien es unbedingt geboten, sich für den Fall eines Angriffs zu rüsten. Dabei griff man auch auf Verteidigungsanlagen aus früheren Jahrhunderten zurück, wie Durchgangssperren an den Engstellen der wichtigsten Verbindungstäler. An der Porta Rhaetica, wo das Rheintal äusserst schmal ist, gab es bereits im 13. Jahrhundert eine Möglichkeit, die Reichsstrasse von Augsburg nach Rom kurzfristig zu sperren. Entlang dieser mittelalterlichen Anlage wurden nun zusätzlich Panzersperren errichtet – anlehnend an ihre Form «Toblerone-Blöcke» genannt. Wäre eine gegnerische Armee hier beim Vormarsch gestoppt worden, hätte man sie aus Schiessständen heraus, die in Felswände gehauen waren und deren Öffnungen mit täuschend echt aussehenden Kulissenfelsen getarnt waren, unter Beschuss nehmen können. An der Gestaltung der Tarnfelsen waren selbst Künstler, wie der Maler Hans Erni, beteiligt. Oberhalb des Wanderwegs an der Porta Rhaetica kann man die falschen Felsen sehr gut erkennen.

Die Invasionen blieben zum Glück aus. Doch die Verteidigungsanlagen an der Porta Rhaetica überdauerten selbst den Kalten Krieg und wurden erst 1995 aufgegeben. Wo einst feindliche Armeen aufgehalten werden sollten, ist heute ein Grillplatz für Besucher eingerichtet. Welch schöne Umnutzung des Ortes. Ein Lehrpfad erklärt die Geschichte der Sperranlagen.

Adresse Dorfstrasse (als Polenweg gekennzeichnet), 7405 Rothenbrunnen | **Anfahrt** A13, Chur–Thusis, Ausfahrt Rothenbrunnen, links nach Rothenbrunnen, nach 250 Metern links auf Pro Graund, nach 500 Metern links auf Dorfstrasse, nach 300 Metern links und dort parken, auf Dorfstrasse (als Polenweg ausgeschildert) weiter, nach 400 Metern rechts | **Tipp** Die Kirche Sogn Gieri im Nachbarort Rhäzüns verfügt über einen vollständig ausgemalten Innenraum – eine Besonderheit für Nord- und Mitteleuropa. Der Waltensburger Meister war auch hier aktiv (siehe Seite 50).

70__Der Lamatreck

Gemütliche Gefährten

«Spucken die nicht?», fragt man sich, wenn man die Lamas vor ihrem Stall warten sieht. Vorurteile sind hartnäckig. Ob diese Tiere, denen man eine gehörige Portion Eigensinn nachsagt, die idealen Kumpane für eine Bergtour sind, erscheint zunächst fraglich. Angelika Bandli, die seit 2001 mit Lamas arbeitet, weiss Skepsis gegenüber den Lamas jedoch schnell zu zerstreuen. Die zotteligen Höckertiere aus der Kamelfamilie sind nämlich äusserst sanfte und umgängliche Zeitgenossen, lernt man. Da sie gerade Kindern gegenüber ein geduldiges Verhalten zeigen, werden sie sogar in der Tiertherapie gerne eingesetzt.

Gespuckt wird nur, wenn sich ein Tier ernsthaft bedroht fühlt, was gegenüber Menschen nur selten der Fall sein dürfte. Das heisst auch: Man hat es selbst in der Hand – behandelt man sie respektvoll, sollten sich keine Probleme ergeben. Zudem signalisieren Lamas, wie man vor dem Trekking erfährt, meist durch bestimmte Töne oder die Stellung der Ohren ihre Stimmung. Nun denn – auf zum Lamatrekking in die Berge über dem Safiental.

Nach einer Kennenlernphase, bei der man in alle Besonderheiten der Tiere eingeweiht wird, geht es mit bis zu acht Personen – alle führen ein Lama mit sich – zu aussichtsreichen Wegen hinauf. Die Tiere wirken sehr ruhig, und ihre Ruhe überträgt sich auf die zweibeinigen Gefährten. Das langsame Wandern, die intensiven Naturerfahrungen und der Umgang mit den entspannten Tieren sorgt für ein Gefühl der Entschleunigung. Auf der Alm gibt es dann ein Mittagessen am Feuer, die Lamas grasen derweil in stoischer Gelassenheit. Nach einem schönen Tag mit den vierbeinigen Begleitern ist man dann auch von ihrem gutmütigen Charakter überzeugt.

Angelika und Erwin Bandli, die das Lamatrekking anbieten, haben nach ausgiebigen Weltreisen mit dem Betrieb eines Biobauernhofs im Safiental ihre Passion gefunden. Ihre Lamas, aber auch eine kleine Herde Yaks bringen ein Stück weite Welt ins Tal.

Adresse Talstrasse 9, 7107 Safiental-Safien Platz | Anfahrt A13, Chur–Thusis, Ausfahrt Bonaduz, links auf H13, nach 1,5 Kilometern rechts auf Versamer Strasse nach Safiental, nach 8,5 Kilometern links Richtung Safien, nach 15,5 Kilometern am Dorfeingang von Safien Platz links | Öffnungszeiten Termine des Lamatrekking unter Tel. 081/6471205 und www.bandli.ch/ | Tipp Die «Art Safiental» ist eine dezentrale Kunstausstellung über das ganze Safiental verteilt, bei der internationale Künstler die natürliche Umgebung in ihre Werke einbeziehen (Juli–Nov. in geraden Jahren, www.artsafiental.ch/).

71 Der Biohof

Einmal Höll und wieder hinauf

Wildes Geläut verrät: Die Willkommensfreude ist gross. Wenn Maya Messmer am oberen Ende der Wiese erscheint, wollen die Ziegen «Guten Tag» sagen. Auch von ganz unten am Hang kommen sie angelaufen und verursachen dabei eine Glocken-Symphonie. Was dem Menschen aus dem Flachland dabei grössten Respekt abringt: Wie sie diesen steilen Hang überhaupt heraufkommen. Denn die «Höll» genannte Wiese unterhalb von Tenna hat eine starke Neigung, an ihrem unteren Ende scheint ein Abgrund zu lauern. Dass eine Ziege hinabstürzt, käme dennoch praktisch nie vor, weiss Maya Messmer zu berichten. Das wäre auch tragisch, schliesslich haben die meisten von ihnen einen Namen und sind Familienmitglieder. Das ändert nichts daran, dass manch eines der Gitzis, der kleinen Ziegenkinder, an Ostern zu Braten verarbeitet wird.

An die 20 Ziegen, zumeist Gämsfarbige Gebirgsziegen, gibt es auf dem Hof von Maya und Alexander Messmer, hinzu kommen ein paar Rinder und Milchkühe.

Wie auf vielen anderen Höfen im dünn besiedelten Safiental wird hier nach biologischen Kriterien gewirtschaftet. Mit Massentierhaltung hätte man in der Höhenlage und abseits der Verkehrswege auch geringe Erfolgschancen. Im Sommer führt eine Sennerin die Tiere mehrerer Höfe zusammen auf die Alpen oberhalb von Tenna, wo sie die Kulturlandschaft pflegen. Bei der Vermarktung verfährt man innovativ, nämlich zweigleisig: Nach der Schlachtung im Tal wird das Fleisch zum Teil zu anspruchsvollen Kunden in die Städte gebracht. Als zweites Standbein wird auf Bestellung direkt ab Hof vermarktet. Kunden können Produkte vor Ort erstehen, sich von den tierfreundlichen Bedingungen überzeugen und nebenbei ein bisschen herrliche Bergluft schnuppern. Wer den traumhaften Ausblick über das Safiental etwas länger geniessen möchte, kann auf dem Hof der Familie Messmer auch in einer Studio-Ferienwohnung übernachten.

Adresse Innerberg 11, 7106 Safiental-Tenna | **Anfahrt** A 13, Chur – San Bernardino, Ausfahrt Bonaduz, links auf H 13, nach 1,5 Kilometern rechts auf Versamer Strasse, nach 8,5 Kilometern links Richtung Safien, nach 7,2 Kilometern rechts Richtung Tenna, nach 4,2 Kilometern links auf Mitti, geradeaus auf Innerberg | **Öffnungszeiten** Anfragen unter Tel. 081/6305041 | **Tipp** Gut essen kann man im Restaurant «Alpenblick» im Zentrum von Tenna (Öffnungszeiten unter www.alpenblick.ch/).

72 Der Solarskilift

Die Sonne schleppt nach oben

Wer sich aus Gedankenlosigkeit oder Ahnungslosigkeit jenseits von 1.500 Meter Höhe ohne Sonnenschutz ins Schneevergnügen stürzt, wird bald schmerzlich erfahren, dass mit der Kraft der Sonne hier oben nicht zu spassen ist. Zum einen reflektiert der Schnee die Strahlung, es gibt also eine zusätzliche Portion von unten. Beim sogenannten Albedo-Wert, der die Reflektionsstärke von nicht selbstleuchtenden Oberflächen ausdrückt, liegt Schnee ganz oben. Vor allem aber ist die Sonneneinstrahlung in der Höhe intensiver, da weniger Luftschichten das Licht abmildern als im Flachland.

In Tenna im Safiental, wo man auf 1.650 Metern Höhe meist von oben auf Nebel herabschaut, wo jedoch der Energietransport wegen der Entfernung zu Produktionsorten aufwendig ist, dachte man sich daher: Warum nicht für den örtlichen Skiliftbetrieb die Sonne als unerschöpfliche Energiequelle anzapfen, energieautark werden und gleich noch etwas für die Umwelt tun? Gedacht, getan – bald war die Genossenschaft Skilift Tenna gegründet.

Mit gänzlich neu entwickelter Technik startete kurz vor Weihnachten 2011 der weltweit erste komplett mit Sonnenenergie betriebene Skilift, ein Schlepplift mit Doppelbügeln. Besonders effizient ist er, weil die Panels gleich auf den Pfeilern montiert sind und sich entsprechend der Sonnenposition schwenken lassen. Für die schweren Panels mussten allerdings extrastarke Stützpfeiler und Bodenfundamente konstruiert werden. Für das kleine Dorf und die mit 450 Metern Länge bescheidene Liftanlage war die Investition von 1,4 Millionen Franken beachtlich.

Die Bilanz kann sich sehen lassen. Die Solarmodule produzieren pro Jahr fast 100.000 Kilowattstunden und damit mehr als das Zehnfache vom Strombedarf des Lifts. Der überschüssige Strom wird im Ort verbraucht, wo sich Hausbesitzer dem Solarboom angeschlossen haben. Technische Probleme haben sich bisher nicht gezeigt.

Adresse Ausserberg, 7106 Safiental-Tenna | **Anfahrt** A13, Chur–San Bernardino, Ausfahrt Bonaduz, links auf H13, nach 1,5 Kilometern rechts auf Versamerstrasse, nach 8,5 Kilometern links Richtung Safien, nach 7,2 Kilometern rechts Richtung Tenna, nach 4,2 Kilometern rechts auf Mitti, 1 Kilometer bis Ausserberg | **Öffnungszeiten** Betriebszeiten bei entsprechender Schneelage von Weihnachten bis Mitte März | **Tipp** Von Ausserberg führt eine Schlittenroute und ein Winterwanderweg zum «Pflanzgarten» unterhalb Tennas. Zurück führt im Winter bis spätnachmittags eine gesonderte Postauto-Strecke.

73 Die Krokuswiesen

Zarte Tupfer im Übergangsgrau

Wenn das weisse Winter-Wunder sich aus dem Safiental verabschiedet hat und der Frühling mal wieder länger auf sich warten lässt als im Flachland, dann gibt es diese Zwischenzeit. Letzter Schnee zu grauen Haufen aufgetürmt, schneefreie Flächen in matt-gelbem bis braunem Farbton, die Wolkendecke wölbt sich tief und schwer über das Tal. Fotografen können auf nachträgliches Ausbleichen ihrer Werke getrost verzichten – die Natur hat die Arbeit bereits für sie geleistet.

Der scheinbar reizarme Berg-April bietet den Vorteil, dass man die Landschaft weitgehend für sich hat. Und dann zeigt sich in scheinbarer Trostlosigkeit wieder einmal die Schöpfungskraft der Natur. Im Talschluss des Safientals hat man Teppiche von Frühlingskrokussen vor Augen, die ganze Bergwiesen bedecken. Die dezente Schönheit kommt gerade dort zum Vorschein, wo eben noch Schnee lag.

Wenn sich die weiss bis lilafarbenen Blüten zugeknöpft geben, so liegt dies am wolkenbedeckten Himmel. Die empfindsamen Gewächse reagieren bereits auf Temperaturschwankungen von 0,2 Grad, ihre Blüten ziehen sich selbst bei einzelnen Wolken am Himmel zusammen. Bei Sonne öffnen sie sich dann blitzschnell – ein faszinierendes Schauspiel. Im Safiental konnte sich der Alpensafran oder Crocus albiflorus, wie die Untergattung korrekt heisst, reichlich ausbreiten – die topografische Lage verhinderte hier eine intensivere landwirtschaftliche Nutzung, und der Krokus verschmäht leicht gedüngte Wiesen nicht. An den weniger steilen Flanken im oberen Talabschnitt findet man die Krokuswiesen allerorten gleich neben der Strasse. Ein guter Platz, das violette bis weisse Blütenmeer zu bewundern, ist knapp oberhalb der Kirche von Thalkirch, wo eine Extraportion Licht zur Verfügung steht. Einen Kontrast zu den zarten Krokusgeschöpfen bilden im Hintergrund die schroff aufragenden Splügener Kalkberge, die das Tal abschliessen.

Adresse Safierstrasse, 7109 Safiental-Thalkirch | Anfahrt A 13, Ausfahrt Bonaduz, links auf H 13, nach 1,5 Kilometern rechts auf Versamerstrasse nach Safiental, nach 8,5 Kilometern links Richtung Safien, 23 Kilometer bis Thalkirch | Tipp Wer dem Alpensteinbock nah kommen möchte, kann das gerade im April und Mai am besten tun. Dann kommen die scheuen Tiere von den Gipfellagen etwas herunter und lassen sich bis zur Baumgrenze blicken. Vom Turrahus in Thalkirch aus startet ein nach ihnen benannter Pfad Richtung Schamser Tal.

74 Der Schweizer Grand Canyon

Wilder Westen am Rhein

Zerfurchte weisse Felswände, dazwischen in farblichem Kontrast dunkler Wald: Auf 13 Kilometern Länge fliesst der Rhein durch eine bis zu 400 Meter tiefe Schlucht. Eine wildromantische Landschaft.

«Ruinaulta» heisst sie auf Rätoromanisch; der Name setzt sich aus Ruina für Halde und aulta für hoch zusammen und deutet auf die Entstehung durch eine historische Naturkatastrophe hin: Vor 9.500 Jahren brachen von den Hängen von Piz Grisch und Flimserstein nördlich des heutigen Flims über zehn Milliarden Kubikmeter Gestein ab. Die Schuttmasse bedeckte die Talsohle viele hundert Meter hoch und staute den Vorderrhein fortan im Gebiet von Ilanz auf. Mit der Zeit suchte sich das Wasser einen Weg durch den Schutt und grub so über die Jahrtausende die beeindruckende Schlucht aus.

Nun muss ein solches Naturwunder auch entsprechend «gebrandet» werden. Ein aufsehenerregender Name, hilft, Besucher anzulocken – so überlegte man wohl beim Tourismus-Marketing. «Rheinschlucht» klingt nicht spektakulär genug, unter «Ruinaulta» kann man sich ohne Übersetzung wenig vorstellen. Erinnern Grösse und Weite nicht an Canyons im Westen Nordamerikas? Genau: «Swiss Grand Canyon», das klingt international griffig. Solche Namensanleihen sind indes nichts Aussergewöhnliches. Um die 200 Regionen in der Welt verwenden die «Schweiz» als schmückenden Namenszusatz. Hier ist es einmal umgekehrt.

Doch nötig hat es die Rheinschlucht eigentlich nicht, mit fremden Federn respektive Felswänden geschmückt zu werden. Davon kann man sich beim Blick auf den Canyon unterhalb von Versam, auf halbem Weg zum Bahnhof, überzeugen. Am Rheinufer sieht man die Felsformationen von Nahem. Die bestehen aus einzelnen kleinen Gesteinsbrocken; zusammengehalten von einem feinen weissen Pulver sieht das dann so aus, als sei es eine massive Felswand.

Adresse Bahnhofstrasse, 7104 Safiental-Versam | Anfahrt A 13, Ausfahrt Bonaduz links auf H 13, nach 1,5 Kilometern rechts auf Versamerstrasse nach Safiental, nach 8,5 Kilometern rechts auf Gassa, nach 800 Metern rechts auf Plauns, nach 150 Metern rechts auf Hüschera/Bahnhofstrasse, nach 1,5 Kilometern rechts Aussichtspunkt, 1,5 Kilometer weiter zum Bahnhof | Tipp Bei der Kanuschule am Bahnhof von Versam kann man neben Kanu- auch Rafting-Touren auf dem Rhein buchen. Rassige Stromschnellen inbegriffen (www.kanuschule.ch).

75_Der Antifaschist auf dem Dorf

Gewehre statt Grabsteine

Was gehen das Engadin in seiner herausgehobenen Lage die Probleme der gemeinen Welt an? Eine ganze Menge, meinte zumindest Giacomo Delnon. Der Bildhauer und Grabsteinspezialist war in Samedan als überzeugter Kommunist bekannt. Offen und kämpferisch vertrat er seine Ansichten, auch gegenüber den Stimmen im Radio – redeten die dummes Zeug, machte er sie durch Zerschmettern des Apparats mundtot. Auch wenn er in Samedan mit seinen Überzeugungen vermutlich recht allein stand, seiner Beliebtheit tat das keinen Abbruch. «Lass den mal reden, ein nettes Unikum ist er ja doch, und tut keinem was», mögen viele wohl gedacht haben.

Allein, mit Reden begnügte sich Delnon nicht. Während des Zweiten Weltkrieges gaben sich in seinem Haus italienische Widerstandskämpfer und deutsche Antifaschisten die Klinke in die Hand. Um der polizeilichen Meldepflicht zu entgehen, wurden die Gäste kurzerhand zu Freunden erklärt. Möglicherweise ist in Delnons Küche gar die Gefangennahme Mussolinis geplant worden. Und wenn in seiner Werkstatt schwere Holzkisten angeliefert wurden, so befanden sich darin oft nicht – wie deklariert – Grabstein-Rohlinge, sondern Gewehre, die von hier aus ihren Weg zu Partisanen im nahen Veltlin fanden. War er selbst an Schmuggelaktionen beteiligt, verwandelte er sich bei Kontrollen in einen naiven Bauern, der kein Wässerchen trüben kann, und schlüpfte hindurch – obwohl der Schweizer Heimatschutz über seine Aktivitäten im Bilde war.

Im Zentrum des Dorfes, da wo die Wohnung Giacomo Delnons im ersten Stock lag, befindet sich heute das moderne Mineralbad von Samedan, in dem man auf mehreren Etagen samt Dachterrasse entspannt baden kann. Delnons Werkstatt lag auf der Rückseite des Hauses und grenzte direkt an die Kirche. Das erinnert ein bisschen an die kauzigen Kino-Hass-Freunde Don Camillo und Peppone.

Adresse Mineralbad & Spa Samedan, San Bastiaun 3, 7503 Samedan | **Anfahrt** H 27, St. Moritz–Zernez, Ausfahrt Samedan, auf Chaunt da San Bastiaun, nach 250 Metern im Kreisverkehr 2. Ausfahrt, nach 150 Metern rechts auf San Bastiaun | **Tipp** Die Chesa Planta in Samedan ist ein Paradebeispiel für ein Engadiner Patrizierhaus und Museum für die Wohnkultur im Engadin der vergangenen Jahrhunderte (Mulins 6, www.chesaplanta.ch/).

76_Muottas Muragl

Die älteste Bergbahn im Engadin

Die Schönheit der Natur, ihre Rezeption in der Kunst, technische Erschliessung für den Fremdenverkehr und Konflikte um eben diese Nutzung: Auf Muottas Muragl kam vieles zusammen – und das vor mehr als 100 Jahren.

Da ist die atemberaubende Landschaft des Oberengadins. Mit den aufgereihten Seen liegt das Tal wie eine 3D-Relief-Karte vor dem Betrachter. Zwei Wegstunden bergauf, auf dem Schafberg, ist eine Hütte nach einem benannt, der diese Natur liebte und der durch sie zum Schaffen bis zur Selbstaufgabe inspiriert wurde: Giovanni Segantini (siehe Seite 34). Der Maler war durch die Landschaft derart unempfindsam für die eigenen körperlichen Leiden, dass er 1899, erkrankt an einer Bauchfellentzündung, zu spät um Hilfe ersuchte und auf dem Berg starb.

Nur sechs Jahre später setzte eine neue Zeitrechnung ein. Der Bau der Bergbahn auf Muottas Muragl begann – der ersten im Engadin. Ob sie Segantini, der in seinen Werken das einfache Leben der Bergbewohner abbildete, gefallen hätte? Vielleicht wäre mit der Bahn rechtzeitig ärztliche Hilfe eingetroffen – vielleicht.

Die Standseilbahn überwand die 709 Höhenmeter ab 1907 grösstenteils aus eigener Kraft, und tut das bis heute – die zwei Wagen halten sich über ein Drahtseil gegenseitig im Gleichgewicht, sodass nur wenig zusätzliche Energie notwendig ist – Nachhaltigkeit in der Pionierzeit des Alpentourismus. Und doch befürchteten Gegner Schaden für die Natur. Simon Jenatsch, Nachfahre des Bündner Freiheitskämpfers Jörg Jenatsch (siehe Seite 56) und militanter Heimatschützer, zerstörte die Bremsstation und versuchte, einen Brand zu legen, was jedoch verhindert wurde.

So gab es im Oberengadin zu Beginn des 20. Jahrhunderts bereits den Konflikt, der viele Projekte der Gegenwart prägt. Heute mutet die Fahrt mit der Standseilbahn im Vergleich zu anderen Bergbahnen eher wie ein entschleunigendes Moment an.

Adresse Muottas Muragl, 7503 Samedan | **Anfahrt** H29, Samedan–Poschiavo, nach etwa 2,6 Kilometern links | **Fahrtzeiten** Anfang Juni–Ende Okt. und Mitte Dez.–Anfang April Mo–So 7.45–23 Uhr (genaue Tage unter www.engadin.ch/de/aktivitaeten/fahrplan-muottas-muragl/) | **Tipp** Man kann von Muottas Muragl zahlreiche Wanderungen zu Gipfeln und Hütten unternehmen. Man kann aber auch einfach den Sonnenuntergang über dem Tal unsportlich geniessen und anschliessend im Romantik Hotel nächtigen – mit gutem Gewissen, denn das Hotel ist ein Plusenergie-Haus.

77__Das Zollausschlussgebiet

Einkaufen auf hohem Niveau

Die Strasse ist ein Abenteuer. Ohnehin nicht sehr breit, verengt sie sich in kurzen Tunneln noch einmal derart, dass niemals zwei Autos aneinander vorbeifahren könnten. Da dies darüber hinaus noch in engen Kurven geschieht, wird die Fahrt zu einer nervenaufreibenden Angelegenheit. Man fragt sich mehr als einmal, ob man hier auf dem richtigen Weg zu einem Einkaufsparadies sein kann. Doch man ist es.

In Samnaun angekommen, traut man seinen Augen kaum. Sieht es doch im scheinbar so abgelegenen Bergtal auf einmal aus, als wäre man auf einem internationalen Flughafen. «Duty-free» lautet das Zauberwort, und es prangt in Samnaun-Dorf an vielen Häusern. Schön ist das nicht. Die Geschäfte, die sich bemühen, in ihren Schaufenstern und um die Werbetafeln herum so etwas wie alpine Gemütlichkeit zu suggerieren, sehen austauschbar aus. Bisweilen bietet die Einkaufsarchitektur aber wiederum eine schöne Portion Trash, wenn vermeintlich Regionaltypisches wie Kulissenfelsen die Hauptstrasse schmücken. Shoppingwillige jedenfalls können beim zollfreien Einkauf in den mehr als 50 Geschäften viel Geld sparen. So sehen dann die meisten nach dem Erwerb edlen Whiskys oder Parfums glücklich aus – und das ist schliesslich das Wichtigste im Urlaub.

Der Status als Zollausschlussgebiet gründet auf der Lage von Samnaun. Lange war der Ort ohne Kletterei nur über österreichisches Gebiet zu erreichen. Die Schweizer Regierung hatte 1892 ein Einsehen und gewährte den zollfreien Status. Den verteidigten die Samnauner nach dem Bau der schmalen Strasse über Schweizer Territorium 1913 erfolgreich. Die Waren werden auch heute noch über die besser ausgebaute Strasse aus dem Tiroler Inntal hinaufgekarrt.

Der zollfreie Warenverkauf ist dennoch nur ein Zubrot. In erster Linie lebt man in Samnaun vom Wintersport, das Angebot ist gross. Im Sommer sieht die Shopping-Hauptstrasse dann mitunter etwas trostlos aus.

Adresse Dorfstrasse, 7563 Samnaun-Dorf | **Anfahrt** H 27, Scuol–Landeck, in Vinadi links Richtung Samnaun, nach 8,6 Kilometern links auf Talstrasse Richtung Samnaun-Dorf, nach 4,5 Kilometern rechts auf Bergbahnstrasse und gleich wieder links auf Talstrasse, nach 1 Kilometer auf Dorfstrasse | **Tipp** Samnaun ist über die grösste zusammenhängende Ski-Arena der Ostalpen mit Ischgl in Tirol verbunden. 238 Kilometer Piste und 45 Bergbahnen und Lifte lassen keine Wünsche offen.

78 Bügl Plaz

Sauerwasser für alle

Ja, das ist tatsächlich Mineralwasser, was da aus dem Hahn sprudelt. Und es schmeckt vorzüglich. Sich in gleissendem Sonnenlicht, das von den hellen Sgraffiti-geschmückten Häusern um den Plaz reflektiert wird, an dem köstlichen Nass zu laben, macht Laune – egal, ob man von einer längeren Wanderung heimkehrt oder nur gelassen durch den hübschen unteren Ortsteil von Scuol schlendert. An fünf Brunnen («Bügl«) im Ort kann man sich davon überzeugen, welch edle Tropfen der mineralische Untergrund hervorbringt. Nicht ohne Grund wurde früher behauptet, «im Dorfe Scuol sauft jede Kuh Sauerwasser spat und fruh».

Insgesamt gibt es im Bereich Scuol-Tarasp über 20 Quellen mit mittlerem bis starkem Mineralgehalt. Geschuldet ist dies dem sogenannten Engadiner Fenster. In diesem Bereich entlang des Inn bis Tirol tritt eine tiefer gelegene tektonische Schicht zutage, die älter als die aus der eigentlichen Alpen-Gebirgsbildung ist. Das Gestein ist mit seinen Klüften gut wasserdurchlässig. Aus den Quellen, die direkt am Inn bei Tarasp liegen, sprudelt es am stärksten (siehe Seite 172).

Für die Versorgung mit Trinkwasser greift man auf andere Quellen mit normalem Mineralgehalt zurück. Die mineralreichen Quellen werden für die öffentlichen Brunnen angezapft, wo man sie kosten kann. Die Mineralwässer kommen aber auch ganzkörperlich zur Anwendung: im grössten Wellnessbetrieb des Engadins, dem «Bogn Engiadina», schwimmt man in Wasser aus den Mineralquellen.

Zum Bügl Plaz, dem Brunnen am Plaz, wird Eisen-Säuerling aus der Sottsass-Quelle geleitet – die rostrote Färbung entlarvt ihn. Der Mineralgehalt ist hier nur mittelprächtig, man sollte sich dennoch nicht ganz satt trinken, es könnte sich sonst eine abrupte verdauungsfördernde Wirkung einstellen. Am danebenliegenden Becken, in das Wasser aus einer nicht mineralischen Quelle fliesst, wird der farbliche Unterschied deutlich.

Adresse Vor Plaz 32, 7550 Scuol | ÖPNV Bahnhof Scuol-Tarasp, Bus 901, Haltestelle Plaz | Anfahrt H 27, Zernez – St. Moritz, am Kreisverkehr in Scuol-Süd 3. Ausfahrt auf Via da la Staziun, nach 500 Metern links auf Stradun, nach 350 Metern rechts auf Via dals Bogns, nach 250 Metern rechts auf Rablüzza, nach 250 Metern links auf Plaz, rechts auf Punt und über die Brücke, parken, zu Fuss zurück zu Plaz | Tipp Am Kreisverkehr ausserhalb des Ortskerns steht ein Brunnen, der als Skulptur das Wappen von Scuol – was könnte es anderes sein als ein Brunnen – darstellt. Besonders eindrucksvoll ist das, wenn die Wasserstrahlen im Winter gefroren sind.

79 Die Doppelmühle

«Das hat nicht Rast bei Tag und Nacht ...»

Es stampft, rattert, pocht und plätschert – und das tat es einst rund um die Uhr, denn das Wasser «... ist stets auf Wanderschaft bedacht». Vom Spätherbst bis in den Winter schlug der Müller in einem separierten Raum neben dem 24-Stunden-Betrieb sein Nachtlager auf. Er hatte parat zu stehen, denn das ältere der beiden Mahlwerke lief oft im Zwei-Phasen-Modus. Dann wurde der Mahlstein erst einmal so aufgehängt, dass der Mahlspalt breit genug blieb, um die Gerste nicht gleich zu mahlen, sondern nur aus ihrer Schale zu lösen: Fertig war die Rollgerste respektive Graupen, die man für die Zubereitung der Bündner Gerstensuppe brauchte, einst das Sonntagsgericht der Bauersleute, heute wieder en vogue. Über eine ausgeklügelte Mechanik liess der Müller danach den oberen Stein, der beachtliche 500 Kilo wiegt, weiter hinunter – der Spalt war dann schmal genug, den Rest der Gerste zu Grütze, Dunst und Mehl zu mahlen. 400 Jahre alt ist das Zwei-Phasen-Mahlwerk, genau wie die Mühle als Ganzes. Ein neueres Mahlwerk, das Getreide nur zu Mehl verarbeiten konnte, aber effizienter war, kam 1835 hinzu.

Nach einem Dorfbrand 1885 baute der Urgrossvater der heutigen Betreiberin Cilgia Florineth einen Wohntrakt an, was für eine Mühle recht ungewöhnlich war. In den gemütlich-bescheidenen Räumlichkeiten ist Frau Florineth aufgewachsen, ihr Vater war der letzte hauptberufliche Müller. Noch bis 1998 brachten einige Bauern aus der Umgebung ihr Korn in die Mühle, seither liefern alle in Grossbetrieben ab. Doch immer noch sind beide Mühlwerke funktionstüchtig und werden zur Demonstration oder für den privaten Gebrauch angestellt.

Wenn Cilgia Florineth, die in der Mühle wohnt, bei einer Führung das Wasserrad in Gang setzt und die Funktionsweise der Mühle vorführt, ist man angesichts von Dynamik und Geräuschkulisse des Mühlenlebens vergangener Zeit sprachlos – und das nicht nur, weil man ohnehin nichts versteht.

Adresse Muglin, 7551 Scuol-Ftan | **Anfahrt** H 27, Zernez – Scuol, 2. Ausfahrt Ardez, links nach Ardez, nach 750 Metern rechts Richtung Ftan, nach 4,7 Kilometern rechts auf Funtana/Muglin, am «Hotel Paradies» vorbei, nach 200 Metern rechts | **Öffnungszeiten** etwa April – Okt. (wetterabhängig), Führung nach Anmeldung unter Tel. 081/8641007, 079/4717687 oder cilgia.florineth@bluewin.ch | **Tipp** Ardez hat eines der schönsten Dorfbilder mit besonders sehenswerten Beispielen für typische Engadiner Häuser.

80_Schellen-Urslis Haus

Der Letzte wird der Erste sein

Grausam können Kinder sein, da machen auch an guter Luft gestärkte Bergdorf-Sprösslinge keine Ausnahme. Die Kinder von Guarda jedenfalls überhäufen den kleinen Ursli mit Spott, als wäre er nicht schon gestraft genug. Denn er bekommt das kleinste Glöckchen zugewiesen für den Chalandamarz-Umzug am nächsten Tag – damit könnte er nur ganz am Ende mitlaufen und wenig Lärm erzeugen. Eine schöne grosse Glocke zu haben, das ist wichtig beim Zug durchs Dorf, mit dem alljährlich am 1. März dem Winter der Garaus gemacht wird. Denn dabei muss es ordentlich scheppern und schellen. Die Kinder mit den grossen Glocken werden dann in die Häuser hereingelassen, wo ihre Glocken mit Naschzeug gefüllt werden. Wer eine kleine Glocke hat, muss dagegen draussen bleiben.

Ursli, gekränkt ob seiner schlechten Stellung, erinnert sich an die riesige Kuhglocke seiner Eltern, die im Maiensäss liegt. Ohne jemandem etwas zu erzählen, macht er sich auf den beschwerlichen Weg, sie zu holen. Im schmelzenden Schnee sinkt er immer wieder ein. Als es Nacht wird und Ursli erschöpft in der Hütte eingeschlafen ist, sorgen sich seine Eltern. Bald darauf ist das ganze Dorf in Aufruhr. Eine Suchaktion bleibt jedoch erfolglos. Der ehrgeizige Ursli aber kehrt am nächsten Morgen mitsamt grosser Glocke heim, sorgt für Erleichterung und darf – sein Prachtstück übertrifft alle anderen Schellen um Längen – den Umzug triumphal anführen.

So erzählt es die in der Schweiz berühmte Bildergeschichte «Schellen-Ursli» von Selina Chönz, die in Guarda lebte. Gleich neben ihrem ehemaligen Wohnhaus steht das reich mit Sgraffiti geschmückte Haus Chasa 51, das dem Maler Alois Carigiet bei der Illustration des Buches als Vorlage diente.

In Guarda ist der Chalandamarz-Brauch bis heute lebendig, das Dorf in seiner sonnigen Terrassenlage über dem Engadin sieht das ganze Jahr über aus, als sei es aus einem Bilderbuch geschlüpft.

Adresse Chasa 51, 7545 Scuol-Guarda | Anfahrt H 27, St. Moritz – Scuol, in Giarsun links Richtung Guarda, nach 2,3 Kilometern am Dorfeingang parken, auf Chasa 300 Meter weiter | Tipp Die Stiftung Pro Guarda setzt sich mit Projekten verschiedenster Art für ein lebendiges Bergdorf ein. Dazu gehören auch mehrtägige Töpferkurse im Atelier «Jordankeramik» (Chasa 87, www.jordankeramik.ch).

81 Das Schloss Tarasp

Auf Mundhygiene gebaut

Was verbindet ein «Zahn- und Mund-Reinigungsmittel» mit einem mittelalterlichen Schlossbau? Einiges, denn das trutzige Schloss Tarasp verdankt sein intaktes historisches Erscheinungsbild einem gewissen Karl August Lingner, dem Entwickler des Mundwassers Odol. Der war im Jahr 1900 als Kurgast in Tarasp-Vulpera unterwegs, verliebte sich in die damalige Ruine und kaufte sie.

Lingner, Chef des Dresdner Chemischen Laboratoriums Lingner, vertrieb Odol ab 1892. Die Zeit war reif für ein solches Hygieneprodukt, denn mit Industrialisierung, Bevölkerungsverdichtung und zunehmendem Verkehr verbreiteten sich auch Krankheitserreger rasant. Lingner hatte erkannt, dass die Bakterien mit Vorliebe durch den Mund in den Körper eindrangen, und sagte ihnen den Kampf an. Der Markenartikel Odol bescherte ihm gehörigen Reichtum – und erlaubte ihm, einen aristokratischen Lebensstil zu führen. Das durch Besitzerwechsel und Plünderungen heruntergekommene Schloss Tarasp passte gut in sein Konzept. Zwischen 1907 und 1916 liess er Tarasp im Stil des Historismus restaurieren – mit grosser Detailversessenheit. Das Inventar wurde im ganzen Alpenraum zusammengetragen.

Als der Besitzer 1916 endlich einziehen sollte, spielte das Schicksal einen seiner tragisch-absurden Streiche: Lingner, der grosse Propagandist der Mundhygiene, starb nach einer Zungenkrebs-Operation! Nimmermüder Lebensstil, vor allem aber zu viel Tabakgenuss waren wohl die Ursachen. Infolge der Erbregelung waren genau 100 Jahre lang hessische Adelsfamilien im Besitz des Schlosses, bis es 2016 der Engadiner Künstler Not Vital erwarb.

Im Schloss, das in erhabener Lage über dem Tal thront, geht man durch erstaunlich fortschrittliche Sanitäranlagen, die im Zuge von Lingners Restaurierung Einzug hielten, und dunkle Stuben, die aussehen, wie man sich Anfang des 20. Jahrhunderts das Ritterleben vorstellte.

Adresse Sparsels, 7553 Scuol-Tarasp | **Anfahrt** H 27, Scuol – St. Moritz, nach 1 Kilometer links nach Tarasp, nach 3,5 Kilometern links nach Sparsels, nach 500 Metern parken, 250 Meter die Strasse zurück, rechts zum Schloss | **Öffnungszeiten** Termine von Führungen unter www.notvital.ch/de/fundaziun/schloss-tarasp | **Tipp** Ein landschaftlich besonders schöner Platz im Unterengadin ist der Lai Nair, ein kleiner Bergsee oberhalb von Tarasp (auf Sparsels am See vorbei, nach 1,4 Kilometer Parkplatz).

82 Die Trinkhalle

Heilende Wasser und bröckelnder Putz

Ein wenig im Schatten liegt das Gebäude, idyllisch, aber von der Welt vergessen, am Ufer des Inn, da, wo das Tal eng ist. Doch je näher man tritt, umso mehr gewahrt man die Patina aus abbröckelndem Putz und wucherndem Unkraut, die den Glanz vergangener Tage in ihre schützenden Arme zu nehmen scheint.

Zu mondäneren Zeiten verband eine Allee den Eingang der Büvetta (Trinkhalle) mit der Inn-Brücke, über die es zum jenseitig gelegenen Kurhaus Tarasp geht. Das war Ende des 19. und Anfang des 20. Jahrhunderts, als Tarasp-Vulpera zu den wichtigsten Kurorten der Schweiz gehörte. Seit dem Bau der Trinkhalle 1876 lustwandelten die Kurgäste durch die lang gestreckte Halle, um sich im oktogonalen Mittelbau an heilendem Wasser aus einer der drei Quellen – Emerita, Lucius oder Bonifazius – zu laben. Der Mineralisationsgehalt in den natrium- und sulfatreichen Wassern liegt mit teilweise mehr als 15 Gramm pro Liter halb so hoch wie der von Meereswasser. Die Körper der Kurgäste sollten durch das Wasser von allerlei Leiden und überflüssigen Pfunden befreit werden. Das, so steht zu vermuten, war bitter nötig, neigten viele Gäste doch zu eher ungesunder Lebensweise.

Ob die sich am Kurort einfach so abschütteln liess, erscheint fraglich – die diätische Ernährung liess sich wohl und gerne umgehen. So bewies der Schriftsteller Kurt Tucholsky, einer der prominenten Gäste, der zum Abspecken im Kurhaus abstieg, mit seiner despektierlichen Bezeichnung «Salatorium», was er von Versuchen, ihm vegetarische Kost zu reichen, hielt.

Das Kurhaus, später «Scuol Palace» benannt, litt nach den Weltkriegen unter starkem Besucherrückgang und musste schliessen. Auch die Trinkhalle ist seit 2006 geschlossen. Es gibt Bemühungen, sie wiederzubeleben und die Fassungen der Quellen wieder zugänglich zu machen. Zunächst muss die Steinschlag-Gefahr gebannt werden, Vorbereitungen dazu sind im Gange (Stand Herbst 2021).

Adresse Nairs, 7553 Scuol-Tarasp-Vulpera | **Anfahrt** H 28, Scuol – St. Moritz, nach 1 Kilometer ab Scuol links auf Nairs, nach 300 Metern hinter der Brücke parken | **Tipp** Hinter der Trinkhalle führt eine Fussgängerbrücke über den Inn und zur Gartenwirtschaft «Büvetta Sfondraz». Hier kann in schöner Uferlage gegessen und das Heilwasser der Sfondraz-Quelle gratis probiert werden (geöffnet in den Sommermonaten).

83_Crap Carschenna

Freilicht-Atelier mit Aussicht

Hat man die Felskante erreicht und steht fast senkrecht 500 Meter über den Häusern von Sils, muss man den Menschen vor 4.000 Jahren einen Sinn fürs Spektakuläre attestieren. Crap Carschenna liegt wie eine Loge über dem Domleschg und ist damit prädestiniert, stets im Blick zu haben, wer demnächst zu Besuch kommt. Nichts entgeht einem hier oben.

Wenige Meter entfernt vom Aussichtspunkt haben sich die Menschen aus Bronze- und Eisenzeit mit umfangreichen Felszeichnungen verewigt. Die Zeichen stammen aus verschiedenen Epochen, etwa aus der Zeit zwischen 2000 und 800 v. Chr., und verteilen sich über ein grösseres Gebiet. Die meisten liegen von dichtem Wald umgeben und waren von Moos und Rasen überwachsen, bis sie zufällig bei Bauarbeiten für eine Hochspannungsleitung ans Licht der Neuzeit kamen. Zu drei Seiten durch hohe Felswände geschützt, bildete Crap Carschenna zusammen mit dem bronzezeitlichen Siedlungsplatz bei der nahen Burg Hohen Rätien einen gut behüteten Ort.

Doch welchen Sinn hatten die Felszeichnungen? Die Bedeutung des häufigsten Motivs, der Cup-and-Ring-Muster mit konzentrischen Kreisen, ist nicht geklärt, weitere Zeichen stellen Sonnen- und Sternsymbole dar, was eine Kultstätte vermuten lässt. Der Flurname «Carschen» bedeutet im Rätoromanischen «Aufgehender Mond». Nahe Crap Carschenna verläuft zudem die Via Spluga, der historische Saumpfad, der vom Rheintal über verschiedene Pässe nach Italien führt – man ging hoch über dem Tal statt durch die noch unwegsamere Viamala. Manche der Zeichnungen lassen sich als bepackte Saumtiere deuten, andere eher als wilde Tiere. Verspürten frühe Handlungsreisende, Hirten oder Jäger in der nebligen Bergeinsamkeit das Bedürfnis, sich mittels Felsritzen ihrer Existenz zu vergewissern? Oder baten sie höhere Mächte um Schutz auf den gefährlichen Wegen?

Adresse Carschenna, 7411 Sils im Domleschg | **Anfahrt** A13, Ausfahrt Thusis-Nord, links auf Äussere Heinzenbergstrasse, nach 500 Metern rechts auf Hauptstrasse Richtung Sils, nach 2 Kilometern links auf Dorfplatz/Schynstrasse, nach 600 Metern rechts zum Alten Bahnhof Sils, nach 200 Metern Gleise überqueren und links halten, nach 2 Kilometern parken, zu Fuss (ca. 45 Minuten) den Hinweisschildern folgen, am Aussichtspunkt Crap Carschenna rechts Richtung Mutten/Obermutten (Felszeichnungen ausgeschildert) | **Tipp** Am Weg zur Parkmöglichkeit, etwa 700 Meter hinter dem Alten Bahnhof, liegt die Burg Ehrenfels, die seit 1953 Jugendherberge ist. Schlafen in der Burg zwischen Domleschg und Viamala.

84 Die Halbinsel Chastè

Dieses Licht …

Man geht unter Nadelbäumen auf einem gewöhnlichen Waldweg. Nur ab und zu erreicht ein Sonnenstrahl den Boden. Dann geht es einen steilen Anstieg hinauf zum «Höhenweg». Und plötzlich glitzert zwischen den Bäumen der See in der Sonne, im Hintergrund leuchten schneebedeckte Berggipfel.

Auf der Halbinsel Chastè im Silser See ist man in mehrfacher Hinsicht der Welt entrückt. Zu drei Seiten von Wasser umgeben, befindet man sich beinahe in Insellage. Gleichzeitig spürt man, wie nah man dem Himmel ist. Zwar wandelt man trotz 1.800 Metern über dem Meer in Tallage, doch die Weite dieses Tals und die eigene Position in seiner Mitte, auf einer Erhebung über dem See, machen die Höhenlage erfahrbar. Diese Lage und die majestätischen, aber nicht sehr steil aufragenden Gipfel zeichnen dann auch für das viel gerühmte Engadiner Licht verantwortlich, dem man magische Wirkung zugesprochen hat. Dieses Licht entfaltet seinen ganzen Zauber am Nachmittag und Abend, wenn es von Westen ins Tal dringt, die Berge bestrahlt und über den See auf die Halbinsel Chastè fällt. Dann möchte man das Licht samt Bergen und See festhalten und nicht mehr loslassen.

Gedanken dieser Art haben hier bereits viele bewegt, darunter grosse Künstler und Geister. Hermann Hesse, Thomas Mann, Richard Strauss, Joseph Beuys, Claude Chabrol, Theodor W. Adorno, Albert Einstein oder David Bowie – die Liste liesse sich fortführen – kamen regelmässig, fanden Erholung und liessen sich vom Licht der Seenlandschaft inspirieren. Die Ersten, die hier Spuren hinterlassen haben – in Form von Mauerresten –, waren die Wächter der Burganlage auf dem höchsten Punkt der Halbinsel Chastè. Ob sie bereits zu römischen Zeiten hier residierten oder erst im Mittelalter, ist ebenso wenig bekannt wie, ob sie Augen für die Schönheit der Umgebung hatten. Böse Zungen behaupten, man habe die erst, nachdem der Magen gefüllt und die Füsse warm sind.

Adresse Posta Veglia, 7515 Sils im Engadin/Segl-Baselgia | **Anfahrt** H3, St. Moritz–Maloja, bei 2. Ausfahrt Sils parken, zu Fuss Richtung Sils-Maria, nach 150 Metern rechts auf Wanderweg, rechts halten zur Halbinsel | **Tipp** Südlich von Sils-Maria liegt das Fextal. Fern vom Verkehr geht es hier noch ruhiger zu als am Silser See. Im Winter mit dem Pferdeschlitten fahren – romantischer geht es kaum.

85 Engadiner Wasserfreuden

Im Auge des Malojawinds

Ein Wassersportparadies – das erwartet man nicht gerade auf 1.800 Metern Höhe. Doch der Silvaplaner See bietet dank seiner exquisiten geografischen Lage optimale Bedingungen für Surfer, Kiter und Segler.

Dank dafür gebührt dem Malojawind. Der ist beileibe kein laues Lüftchen, sondern die starke Version eines alpinen Talwindes. Im benachbarten, tief gelegenen Bergell steigt morgens warme Luft die Bergflanken hinauf, dadurch wird kalte Luft in die Höhe nachgesogen. Der Sog ist so stark, dass er den Talschluss am Malojapass überquert und auf der anderen Seite das Oberengadin hinabbläst. Auf der hoch gelegenen Seenplatte sorgt er besonders mittags für eine stürmische Atmosphäre. Wassersportler danken es den thermischen Verhältnissen und machen den Silvaplaner See zu einem europäischen Hotspot. Wenn sich im August die Crème de la Crème beim «Engadinwind» zu Wettbewerben wie «Foil Freestyle Contest» und «Tow in Contest the Battle» trifft, versteht man zunächst nicht viel, aber spektakulär sehen die Aktionen auf dem Wasser allemal aus. Spannend sind auch Wettbewerbe zwischen den verschiedenen Disziplinen wie Kiten und Surfen. Wenn die Kiter sich vom aufgefrischten Malojawind dann in den Himmel über dem See wehen lassen, bekommt man kurz Sorge, sie mögen die Boden- äh … Wasserhaftung nicht mehr wiederfinden und über die Bergrücken in die Ferne schweben. Doch auf wundersame Weise finden sie nach ihren waghalsigen Jumps und Loops immer wieder die Balance oder kommen zumindest nach kurzem Eintauchen schnell wieder hoch.

Am Silvaplaner See indes können auch Anfänger erste Schritte wagen, ob im Kiten – oder Drachensegelbrettfahren, wie es zeitweise hiess – oder Surfen. Wenn man sich unter der Anleitung der Freaks erste Meter bewegen lässt und in einem Luftloch abschmiert, ahnt man: Das wird ein weiter Weg, bis man *bella figura* auf dem Wasser macht.

Adresse Via Chantunela, 7513 Silvaplana | **Anfahrt** H 3, St. Moritz–Maloja, kurz hinter Silvaplana links | **Öffnungszeiten** Infos zum Profiwettkampf unter www.engadinwind.ch, die Sommersaison auf dem Wasser geht von Anfang Juni bis Mitte September. | **Tipp** Gediegen und dennoch von modernem Design umgeben verbringt man die späteren Abendstunden in der «Rooftop Bar», ganz oben im Hotel «Nira Alpina» im Ortsteil Surlej. Live-DJ inklusive (Via dal Corvatsch 76, Öffnungszeiten unter www.niraalpina.com/).

86 Die Ewige Wiederkunft

Nietzsche in der Über-Landschaft

In dieser Natur möchte man wohl ins Schwärmen geraten und in Superlative verfallen. Die Seenlandschaft im Oberengadin ist einfach unglaublich schön. Auch Friedrich Nietzsche, der ab dem Sommer 1879 in Sils-Maria Stammgast war, schwärmte für die Landschaft und wähnte sich «blutsverwandt» mit ihr. Die Höhenlage übertrug er sogleich auf philosophisches Gebiet: «Wo es kein Vernebeln und Verschleiern mehr gibt, und wo die Grundbeschaffenheit der Dinge sich […] mit unvermeidlicher Verständlichkeit ausdrückt!» – da wollte Nietzsche auch geistige Gipfel erklimmen. Die physische Gratwanderung wird er derweil wohl besser gescheut haben – mit annähernd 20 Dioptrien geht es sich besser auf breiten Wegen.

Dass Nietzsche das Oberengadin für sich entdeckte, hatte auch mit seiner labilen Gesundheit zu tun; hier empfand er die Luft als angemessen trocken. Zu dem Zeitpunkt war er bereits wegen Magenproblemen, Migräne und extremer Kurzsichtigkeit pensioniert worden – mit 34!

Doch die Berge waren fürwahr Inspirationsquell für zentrale Werke. Einen pyramidenartigen Stein bei Surlej am Silvaplaner See nannte Nietzsche selbst den Ort, an dem ihm im August 1881 der Gedanke von der «Ewigen Wiederkunft des Gleichen» kam. Dieser Gedanke ist nach seiner Aussage die Grundkonzeption von «Also sprach Zarathustra», und darin sah er gleichsam die «höchste Formel der Bejahung» – trotz seiner immer wiederkehrenden Leiden.

Der Stein ist einer der ersten Plätze auf dem Weg an der Südostseite des Sees von Surlej aus. Steht man davor, gewahrt man Erstaunliches: Der Felsen weist in sich bereits eine doppelte Pyramidenform auf, aus dem richtigen Winkel betrachtet kann man in der Ferne zwei weitere Gipfel mit Pyramidensilhouette erkennen – so ergibt sich zumindest eine vierfache Wiederholung des Gleichen. Wie Nietzsche das mit seinen 20 Dioptrien erkennen konnte, bleibt indes schleierhaft.

Adresse Via da Surlej, 7513 Silvaplana-Surlej | **Anfahrt** H3, Chur – Silvaplana, am Kreisverkehr in Silvaplana 2. Ausfahrt, nach 400 Metern parken, am Ostufer des Sees Richtung Sils-Maria | **Tipp** Im Nietzsche-Haus in Sils-Maria, wo der Philosoph mehrere Sommer zur Untermiete wohnte, ist eine Ausstellung eingerichtet. Man kann im Haus auch übernachten (Via da Marias 67, Mitte Juni – Ende Okt. und Mitte Dez. – Mitte April Di – So 15 – 18 Uhr).

87_Das Dorf für alle Sinne

Ein Hauch von Süden

Eigentlich ist es nicht ein Hauch, sondern ein kräftiger Luftzug, der das Misox – nein, das Tal sei dem südlichen Flair und der Sprache entsprechend Val Mesolcina genannt – hinaufbläst. In Soazza atmet man den Süden und das im wörtlichen Sinn.

Die Düfte im Dorf werden allerdings grösstenteils auch hier erzeugt. Ein bunter Blumenmix, Lavendel, Myrte und andere Kräuter verbreiten an jeder Ecke Wohlgerüche. Eine andere Duftnote, besonders aber den Soundtrack für den ganzen olfaktorischen Genuss, bietet das Wasser, das hier in steinernen Rinnen das Dorf hinunterschiesst und an einigen Stellen in kleinen Brunnenbecken aufgehalten wird. Das Rauschen ist meist das einzige Geräusch, das man in den jahrhundertealten verschachtelten Gassen wahrnimmt, die ein Netz zwischen den Häuserschluchten bilden, aber oft kaum als solche auszumachen sind. Neben stolz aufragenden Patrizierhäusern, die talseitig bis zu fünf Stockwerke hoch sind, ducken sich kleine Rustici aus Naturstein.

Noch hinter der kleinsten Hütte spriesst es in vor Farben explodierenden Miniaturgärten, kleine Beete zwischen Häusern sind mit Tomatensträuchern, Meeren von Hortensien in allen Farben und üppigen Rosen bestellt. Da, wo ein bisschen mehr Platz ist, ragen hängende Gärten mit wilden Weinranken, Feigen- und Birnbäumen über die Terrassenstufen des Geländes hinaus. Mancherorts krönt eine Palme das üppige Gesträuch. Unter einen Feigenbaum möchte man sich wohl setzen, angelehnt an die Stützmauern aus Naturstein, und einfach der Nase folgen.

So ist Soazza ein bisschen die Erfüllung der Sehnsucht nach dem Süden – bevor man ihn, von Norden kommend, so richtig erreicht hat. Eben danach trachten auf der am Ort vorbeiführenden Autobahn viele. Doch von der ist im Dorf nicht viel zu spüren, zu einem guten Teil schirmt der Hügel mit der weithin sichtbaren Kirche San Martino Soazza gegen das Tal und den Verkehr ab.

Adresse (Zum Beispiel) Cará del Governatór/Cará de Bórgh, 6562 Soazza | **Anfahrt** A 13, San Bernardino – Bellinzona, Ausfahrt Mesocco-Süd, links auf H 13 Richtung Soazza, nach 2,4 Kilometern rechts auf Stradón, nach 600 Metern links parken | **Tipp** Am oberen Rand des Dorfes liegt das ehemalige Hospiz, ein schöner Bau aus dem 17. Jahrhundert.

88 Das Schmetterlings-Ristorante

Pizza im Paradies

Das Automobil ist seiner Nutzbarkeit enthoben und aufs Dach verbannt. Es ist von Blumen übersät, das Haus von Schmetterlingen. Weit oberhalb am grünen Berghang fällt ein Wasserfall zu Tal – was fehlt jetzt noch für den Zustand Marke Paradies? Richtig: Pizza! Und siehe da – Pizza gibt es auch, und zwar aus berufener Hand. Denn Pizza hat Franco Todisco in den 1960er Jahren bereits als junger Koch in einer der ersten Pizzerien Berlins kredenzt. Dort lernte er auch seine spätere Frau Rita aus Grono im Misox kennen. 1998 haben die zwei das «Ristorante Boffalora» übernommen.

Ihr kleines Paradies wollen sie zum Glück aber nicht für sich allein. Besucher aus der näheren Umgebung wie vom anderen Ende der Welt sind stets willkommen im Boffalora. Und es kommen viele vorbei auf ihrem Weg von Nord nach Süd oder umgekehrt, denn dieses Paradies liegt nicht fernab der Zivilisation, sondern nahe einer der wichtigsten Alpenüberquerungen, der San Bernardino-Route. Die neapolitanische Küche von Franco schmeckt scheinbar allen. Davon zeugen auch die unzähligen Ansichtskarten, die Freunde und ehemalige Gäste geschickt haben.

Das Auto auf dem Dach gehörte Rita, es aufs Dach zu stellen statt zu verschrotten, war ebenso ihre Idee wie die Schmetterlinge. Die Tiere von der Raupe bis zum ausgewachsenen Sommervogel, die auf die Mauern des Ristorante gemalt sind, stehen für Wesen, die sich auf Wandlung und Weiterentwicklung verstehen – eine Fähigkeit, die sie am Menschen manchmal vermisst.

Und im Mikroklima an der Cascata della Boffalora, die hoch über dem Ristorante in die Tiefe stürzt, gibt es sehr viele Schmetterlinge. «Boffalora» steht übrigens für die frische Brise, die vom Wasserfall her weht. Er gilt als Zwillingswasserfall der Cascata del Frot im Val Calanca ist (siehe Seite 142). Im Paradies ist eben alles verbunden.

Adresse Ristorante Boffalora, 6562 Soazza-Boffalora | Anfahrt A 13, San Bernardino–Bellinzona, Ausfahrt Lostallo, Richtung Lostallo, nach 200 Metern rechts auf H 13 Richtung Soazza, nach 3,5 Kilometern links | Öffnungszeiten Ostern–31. Okt. Do–Di 9–22 Uhr, 1. Nov.–24. Dez. und 14. Feb.–Ostern Do–Mo 9–22 Uhr, Di 9–15 Uhr, 25. Dez.–13. Feb. geschlossen; Infos unter Tel. 091/8311616 | Tipp An den Hängen oberhalb des nahen Dorfes Lostallo kann man zwischen historischen Trockenstein-mauern spazieren.

89 Der Bob Run

Flüsterrennen auf Natureis

So sieht also eine Bahn der Superlative aus? Ja, genau so. Denn gerade die kümmerlichen, schmutzigen Schneereste, die im Frühling im Wald herumstehen und jeden Moment einzustürzen drohen – was sie dann übrigens auch im Minutentakt tun –, zeugen von der Einzigartigkeit der Bahn.

Der Olympia Bob Run St. Moritz-Celerina ist nämlich die einzig verbliebene Bobbahn der Welt ganz aus Natureis. Das geht so nur in der Höhenlage von St. Moritz. Jedes Jahr ab Ende November wird sie aus etwa 15.000 Kubikmetern Schnee und etwa 10.000 Kubikmetern Wasser geformt – immer an derselben Stelle und in gleicher Form, kleine Abwandlungen sind der Schneesituation geschuldet. Der Schnee wird, wenn er kompakt genug ist, gewalzt und die Bahn dann bei besonders tiefen Temperaturen geeist. Das natürliche Material macht die Bahn konkurrenzlos glatt und somit auch schnell – ein Traum für jeden Bobfahrer. Zudem saust man ausserordentlich geräuscharm hinunter, da es nicht die unter Beton vorkommenden Hohlräume gibt.

Ein weiterer Superlativ: Der Bob Run ist die älteste in Betrieb befindliche Bobbahn der Welt – eingeweiht am 1. Januar 1904. Reiche Bobfahrer aus Grossbritannien wollten endlich ihre eigene Bahn, nachdem sie sich Jahre zuvor im – na, klar – weltweit ersten Bobclub, dem Saint Moritz Bobsleigh Club, zusammengetan hatten, sich aber zunächst eine Bahn mit Skeleton-Fahrern teilen mussten. Eineinhalb Dutzend Male war der Bob Run Austragungsort für Bob-Weltmeisterschaften, Anfang 2023 ist es erneut soweit. 1928 und 1948 fanden hier die olympischen Bob-Wettbewerbe statt.

Wenn die Saison im Frühjahr beendet ist, werden die Sonnensegel entfernt, die ein Schmelzen des Schnees verhindern. Zum grössten Teil fällt die Bahn dann einfach in sich zusammen, wie im Wald zwischen Horse-Shoe Corner und der Teufelsdamm-Kurve. So prägt hier noch der Rhythmus der Jahreszeiten den Sport.

Adresse Via Maistra, 7500 St. Moritz-Dorf | **ÖPNV** Bahnhof St. Moritz, Bus 1 oder 9, Haltestelle Schulhausplatz, umsteigen in Bus 2 oder 6, Haltestelle Bären | **Anfahrt** H 27, Zernez–Maloja, Ausfahrt St. Moritz-Dorf, auf Via Serlas, nach 1,1 Kilometern im Kreisverkehr 1. Ausfahrt auf Via Traunter Plazzas, nach 150 Metern im Kreisverkehr 1. Ausfahrt auf Plazza da Scuola, nach 800 Metern rechts auf Via Maistra (Start der Bahn); auf Via Maistra (Hauptstrasse) circa 1 Kilometer weiter bis Horse-Shoe Corner | **Tipp** Unterhalb des St.-Mauritius-Kirchturms (siehe Seite 188) steht, besser gesagt kniet in Startposition, ein bronzener, lebensgrosser Skeletonfahrer, ein Geschenk des St. Moritz Tobogganing Clubs an die Gemeinde anlässlich des hundertjährigen Geburtstags des Clubs von 1885, der eine Vorform des Skeletons betrieb.

90 Der schiefe Turm

Mit dem Hang zur Neigung

Einfach macht er es Gemeinde, Ingenieuren und Geologen nicht, der Turm der St. Mauritiuskirche. Immer wieder gerät er gewaltig aus dem Lot und hält sich dabei nicht an Zeitpläne. Regelmässig wird nämlich vorausberechnet, wann die Neigung wie stark sein sollte und wann demnach eine erneute Standfestigkeitssicherung fällig würde. Mehr als 5 Prozent Neigung sollen es nicht werden. Ende 2013 waren es jedoch mal wieder 5,5 Prozent, und so mussten Ingenieure mit Unterstützung vom Geotechnologie-Institut der ETH Zürich nachjustieren – was bei einem 1.264-Tonnen-Bauwerk kein ganz leichtes Unterfangen darstellt. Eine Lagerachse unter dem Turm-Fuss wurde dann auf der Bergseite um 4 Zentimeter abgesenkt, was die Kirchturmspitze um ganze 16 Zentimeter in die Senkrechte bewegte. Die Sanierungsmassnahme 2013 war die fünfte dieser Art. Zum ersten Mal wurde eine Aufrichtung im Jahr 1769 nötig, seit Anfang des 20. Jahrhunderts wird der Turm permanent überwacht.

Die Ursache liegt im Untergrund, der sich um etwa einen Zentimeter pro Jahr gen Tal bewegt. Der Turm wurde im Hangrutschgebiet errichtet, das alte Bauwerk besitzt also im wörtlichen Sinn einen Hang zur Neigung. Das haben die Baumeister im Jahr 1570 bei der Standortwahl nicht bedacht. Schaut man sich Planungsmängel bei Grossbauprojekten im 21. Jahrhundert an, verbietet sich allerdings Besserwisserei im Nachhinein. Der gesamte Rest der St. Mauritiuskirche wurde wegen der misslichen Lage bereits 1890 abgebrochen.

Auch nach den jeweiligen Sanierungsmassnahmen bleibt der Turm deutlich sichtbar schief. Ganz aufrecht wäre er auch kein so spezielles Wahrzeichen mehr – und darf sich ein alter Knabe nicht ein bisschen neigen? In der Umgebung aus modernen, urbanen Gebäuden ist der St.-Mauritius-Kirchturm gerade in Schräglage ein pikanter Kontrast, der von einer länger zurückreichenden Geschichte des Ortes erzählt.

Adresse Via Brattas 2, 7500 St. Moritz-Dorf | **ÖPNV** Bahnhof St. Moritz, Bus 1 oder 9, Haltestelle Schulhausplatz, umsteigen in Bus 2 oder 6, Haltestelle Kulm | **Anfahrt** H 27, Zernez–Maloja, Ausfahrt St. Moritz-Dorf, auf Via Serlas, nach 1,1 Kilometern im Kreisverkehr 1. Ausfahrt auf Via Traunter Plazzas, nach 150 Metern im Kreisverkehr 1. Ausfahrt auf Plazza da Scuola, nach 300 Metern | **Tipp** Im schönen und aussichtsreichen Hotel «Waldhaus am See» gibt es in der Hausbar «Devil's Place» die weltweit grösste Auswahl an offenen Whiskys. Vorsicht: Der Name kommt nicht von ungefähr. Der gute Stoff wirkt in der Höhenluft noch stärker (Via Dimlej 6).

91 Die Festungskantine

Küche, Kunst und kein Krieg

Umgeben von Tausenden Granaten tief in den Granitbergen von Andeer schmeckt das Schinkengipfeli … auch nicht anders als sonst, die Kantine sieht aus wie eine ganz normale Gaststätte. Die Einrichtung ist schlicht, doch der Charme der 1940er und 1950er Jahre ist schliesslich wieder en vogue. Man käme jedenfalls nicht auf die Idee, dass man im Inneren des Berges sitzt, wäre man nicht einen gefühlten Kilometer in ihn hineingegangen. Die Festungskantine liegt zuhinterst im Erdgeschoss des Museums Crestawald, das die Festung im Originalzustand zeigt. Auf dem Weg zur Kantine passiert man viele abzweigende Gänge und gewinnt das Gefühl, hier liegt eine ganze Stadt im Berg. Der Gedanke ist nicht ganz abwegig.

Bis zu 60 Personen hatten Platz in der Kantine, bei voller Festungsbelegung wurde schichtweise gegessen. Vom unteren Stockwerk mit Kantine, Unterkünften, Werkstätten und Maschinenraum geht es über steile Treppen hinauf zu Munitionsmagazinen und den zwei Geschützständen mit den schönen Namen «Silvia» und «Lucrezia». Die wurden im Oktober 1940 installiert – als die Gefahr eines Angriffs durch Deutschland und Italien akut war – und hätten Angreifer bis zum Splügenpass oder San Bernardino treffen können. Zum Ernstfall kam es glücklicherweise nicht. Die Geschütze feuerten bis 1995 bei Übungen mehr als 10.000 Granaten ab. Dabei entstand stets derartiger Pulverqualm, dass den Geschützposten wegen drohender Kohlenmonoxidvergiftung über ein künstliches Belüftungssystem Frischluft zugeführt wurde.

Die Speisenkarte in der Festungskantine beinhaltet wie zu erwarten Bodenständiges. Neben Schinkengipfeli gibt es Röschti und Bratwurst. Bier und Weisswein werden heute wie damals auch ausgeschenkt – solange man die Finger danach von «Silvia» und «Lucrezia» liess …

Die Wandmalereien in der Kantine stammen vom Künstler Turo Pedretti, der hier auch seinen Militärdienst absolvierte.

Adresse Sufner Schmelzi, 7434 Sufers | **Anfahrt** A 13, Chur–San Bernardino, Ausfahrt Rofla/Avers, rechts auf Rofla, nach 500 Metern links auf H 13 Richtung Splügen, nach 4,8 Kilometern rechts | **Öffnungszeiten** etwa Ende Mai–Anfang Juli und Mitte Aug.–Ende Okt. Sa 10–17 Uhr, Anfang Juli–Mitte Aug. Mo–So 10–17 Uhr, Führungen auch zu anderen Zeiten auf Anfrage (Infos unter Tel. 081/6509030) | **Tipp** Andeer wartet mit einem Prachtexemplar eines mit Sgraffiti bemalten Hauses auf. Die Chasa Padrun (Haus Padrun) steht passenderweise in der Veia Sgraffito (Nummer 64).

92 Die Kapelle Sogn Benedetg

Licht und Klarheit am Berg

Das Erste, was auffällt: wie angenehm unprätentiös sich der Bau in seine Umgebung einfügt, obgleich er bei Form und Material eine ziemliche Provokation für andere Kapellen ist. Wenige Meter ausserhalb des Weilers Sogn Benedetg führt über eine ansteigende Wiese ein unbefestigter Weg zur bescheidenen Eingangstür. Die Schindeln aus Lärchenholz sind ein typisches Baumaterial der Region – sie verfärben sich durch Sonneneinstrahlung auf der Südseite immer dunkler, auf der Nordseite silbergrau. Kapellen jedoch baute man hier stets aus Stein. Noch ungewöhnlicher: der tropfenförmige Grundriss und der nebenstehende Glockenturm, der einer Leiter ähnelt. Von unten gleicht die Kapelle einem Leuchtturm. Die Tropfenform kommt im nüchtern gehaltenen Innenraum noch deutlicher zur Wirkung. Das Licht fällt durch ein durchgängiges, von Lamellen unterbrochenes Fenster ein, wird von der silbernen Innenhaut reflektiert und sorgt in Verbindung mit schnörkellosem Holzmobiliar für ein klares, helles Gefühl und eine freundliche Stimmung. Man wähnt sich in einer Kapsel, vom Berghang abgehoben, fühlt sich der Umwelt entrückt, ohne von barockem Prunk erdrückt zu werden.

Mit dem Bau ist zu Holz geworden, wofür Architekt Peter Zumthor im Allgemeinen steht: Verzicht auf den spektakulären Moment zugunsten einer dauerhaften Wirkung, Zusammenspiel mit den räumlichen Gegebenheiten, Detailgenauigkeit. Licht, Materialien und die Funktion bestimmen seine Bauten mit. Als Schweizer sei man «nicht so anfällig für Moden», hat Zumthor einmal gesagt. Angesichts der besonderen Bedeutung von Architektur als Kunst, die dauerhaft den öffentlichen Raum gestaltet, wünscht man sich Nachahmung.

An diesem Ort sollte man indes nicht lange über Architektur-Theorie sinnieren, sonst verpasst man am Ende, die entrückte Stimmung an diesem Ort zu geniessen.

Adresse 7174 Sumvitg-Sogn Benedetg | **Anfahrt** H 19, Ilanz – Disentis, in Sumvitg rechts auf Quadras-su, nach 2,6 Kilometern vor Sogn Benedetg links parken, nach 50 Metern nach Haus Nummer 216 links hoch | **Öffnungszeiten** durchgehend geöffnet | **Tipp** In Trun, vier Kilometer östlich von Sumvitg, kann man im Restaurant «Casa Tödi» zu gehobenen Ansprüchen speisen – und das auch, wenn man in Wanderstiefeln hereinkommt (Via Principala 78).

93 Die Viel-Sprachen-Gemeinde

Dolmetscher am Dorfstammtisch?

Wenn die babylonische Sprachverwirrung Strafe für menschlichen Hochmut ist, dann taten sich die Bündner in dieser Sünde offenbar besonders hervor. Eine Sprachen-Karte des Kantons sieht aus wie ein Flickenteppich, viele Gegenden sind zweisprachig. Bleibt zu fragen: Verstehen sich da alle? Und beeinflussen sich die Sprachen gegenseitig?

Die Antworten lautet jeweils «Ja». Immer mehr deutsche Begriffe schleichen sich ins Romanische ein.

Verständlicherweise fürchtet man um das Überleben der Minderheitensprache. So wurde in Behörden und Schulen das «Rumantsch Grischun» eingeführt – eine künstliche Einheitssprache mit neuen Begriffen. Doch die wird – im Gegensatz zum Hannoveraner Hochdeutsch im deutschen Sprachraum – in dieser Form nirgends gesprochen, denn im Romanischen hat sich in jeder Region ein eigener Dialekt ausgebildet. So ist die Akzeptanz der Einheitssprache nicht sehr gross – *vertgilen* lassen, wie sie selbst es, die Sprache mixend, ausdrücken würden, wollen sich die Romanischsprachigen schliesslich nicht – «tgil» bedeutet übrigens «Arsch».

Wer sehen will, wie die Sprachen auf engstem Raum koexistieren, muss nach Bivio gehen. Die «mehrsprachigste Gemeinde der Schweiz«, die seit Ende 2015 nicht mehr eigenständig ist, hat gerade einmal 200 Einwohner. Als einziger Ort nördlich der alpinen Wasserscheide spricht Bivio traditionell italienisch, wobei das Deutsche sich stark verbreitet hat. In der Gemeindeversammlung wurde schon länger auf Deutsch konferiert, das Protokoll derweil noch auf Italienisch verfasst. Bündnerromanisch sprechen ebenso einige Bewohner. Zählt man penibel die verschiedenen Dialekte hinzu, bringt der Ort es auf sage und schreibe sieben Sprachen, Dialekte und Mundarten. Sicher ein Grund, in Bivio einmal Stammtischgesprächen zu lauschen.

Adresse (zum Beispiel) Restaurant «Solaria», Vea Valetta 113, 7457 Surses-Bivio; Casa Comunale und Schulhaus, Vea Jerts 229, 7457 Bivio | Anfahrt H 3, Chur – St. Moritz, nach 56 Kilometern rechts | Tipp Im Surses (Oberhalbstein) kann man im Sommer die romanische Sprache in Ferienkursen ein wenig erlernen (Infos unter www.valsurses.ch/de/ferienromanischkurse).

94 Der Julier

Alter Weg über die Alpen

Mal geht es ein kurzes Stück steil in Serpentinen bergauf, dann wieder unmerklich über weite Hochebenen. Mehrfach meint man, doch endlich bald oben sein zu müssen. Diese stufenweise Auffahrt geht auf Bergstürze in prähistorischen Zeiten zurück. Nach einem letzten steilen Stück hinter Bivio sieht man aber doch die Baumgrenze endlich unter sich, und dann ist man auf einmal oben. Für den Strassenverkehr wird der Julierpass das ganze Jahr über offen gehalten. Die unspektakuläre Topografie hat ihn seit jeher für einen Übergang über den Alpenhauptkamm prädestiniert.

So erklären sich auch die Säulen in 2.284 Metern Höhe, deren Ursprung nicht ganz geklärt sind: Überbleibsel eines keltischen Heiligtums oder Relikt aus Römerzeit? Damit verbunden ist die Frage der Namensherkunft: Julius Caesar wäre möglich, allerdings eroberten die Römer die Provinz Rätien, zu der das Gebiet Graubündens gehörte, erst Jahrzehnte nach Caesars Tod. Die Kelten hätten sowohl ihren Sonnengott Jul zu bieten als auch das Wort «jul» für Pass und Grenze – 2:1 für die Kelten. Sehr wahrscheinlich jedoch waren die beiden Säulen einst eine einzige zusammenhängende Säule, wie aufeinanderpassende Stirnflächen und Löcher darin belegen – eine Wegmarke also, und damit eher römischen Ursprungs. Denn als eine der wenigen Alpen-Verbindungen nutzten die Römer bereits den Julierpass. Ihre Strasse ist an vielen Stellen bis heute erhalten – meist verlief sie weiter oben am Hang, vermutlich um dem sumpfigen Boden im Tal auszuweichen. Nahe der Säulen fand man zudem römische Münzen aus verschiedenen Epochen – sowohl aus der Ära von Kaiser Augustus um die Zeitenwende als auch aus der Zeit von Konstantin II. im 4. Jahrhundert.

Die moderne Passstrasse wurde zwischen 1820 und 1826 für den verstärkten Handel zwischen Nord und Süd gebaut. In den 1930er Jahren wurden sie für den Autoverkehr ausgebaut. Aus derselben Zeit stammen auch die Panzersperren auf der Passhöhe.

Adresse Julierpass, 7457 Surses-Bivio / 7513 Silvaplana | Anfahrt H3, Chur – St. Moritz, auf der Passhöhe | Tipp Bei der Fahrt nach Süden ins Engadin sollte man unbedingt zwischen den letzten Kehren anhalten. Der Blick über den Silvaplanersee ist wunderschön.

95 Das Posthotel Löwen

Endlich wachgeküsst

Lange Zeit war in diesem Hotel die Zeit stehen geblieben. Seine Grösse, der klassizistische Baustil, die schmiedeeisernen Geländer der Veranda, drinnen eine repräsentative breite Treppe und ein grosser Speisesaal – alles kündete von der Grandezza vergangener Tage. Vor allem aber fanden lange Zeit keine Sanierungsarbeiten statt. Der Putz bröckelte gewaltig, was einerseits morbiden Charme verströmte, aber auch vom Niedergang des Hotels kündete. Zwar gab es weiterhin einen Pensions-Betrieb, doch machten nur wenige Reisende Halt an der traditionsreichen Station der Passstrasse.

Das war einmal anders. Gegen Ende des 19. Jahrhunderts florierte der Betrieb dank des aufkommenden Bädertourismus im Engadin. Viele Reisende auf dem Weg dorthin wollten eine Zwischenstation einlegen, um den Körper langsam an die dünne Höhenluft zu gewöhnen. Das Posthotel Löwen bot ihnen eine Unterkunft, die gehobenen Bedürfnissen entsprach. Das Hotel wurde 1870 auf den Grundpfeilern eines bestehenden Wirtshauses mit Postkutschenstation errichtet. 1897, als der Verkehr immer weiter zugenommen hatte, liess man grosszügig anbauen – damals entstand der Jugendstil-Speisesaal, wie man ihn heute sieht. Um 1900 übernachteten bis zu 23.000 Gäste jährlich im Hotel. Doch kurz danach kam die Wende mit der Albula-Bahnlinie, die 1903 eröffnete. Die Zahl der Reisenden auf der Julier-Route brach dramatisch ein. Später übernachteten meist Bauarbeiter, Jäger oder Bergsteiger im Hotel.

2019 erwarb die Stiftung «Nova Fundaziun Origen» das lange vor sich hindämmernde Gebäude und hat es seither aussen saniert und innen entrümpelt. Dabei sind Schätze zutage getreten, die seit 2021 im Haus ausgestellt werden. Neben Hotelbetrieb ist auch eine Nutzung als Museum, Theater und für Kulturveranstaltungen vorgesehen. Das Morbide gehört der Vergangenheit an, doch dafür erstrahlt ein traditionsreicher Ort in neuem Glanz (Stand Herbst 2021).

Adresse Posthotel Löwen, 7455 Surses-Mulegns | Anfahrt H 3, Tiefencastel – Silvaplana/ St. Moritz, nach 18,5 Kilometern in Mulegns links | Öffnungszeiten Infos unter Tel. 081/6371681 | Tipp Von Sur aus, einen Kilometer südlich von Mulegns, geht es motorisiert (Bus) oder zu Fuss auf die Alp Flix. Die Hochfläche ist mit ihrer intakten Moorlandschaft ein Musterbeispiel für Artenvielfalt im Naturpark «Parc Ela».

96 Der Landrichtersaal

Gute Stube vom Grauen Bund

Bald 600 Jahre Sitzungsgeschichte bewirken, dass einem erst einmal schwindlig zumute wird ob der opulenten Wappen- und Gemäldeflut im Landrichtersaal. Um sich darin zurechtzufinden, fängt man am besten in der Mitte an.

Zentral an der Decke ist ein Medaillon zu sehen, das die Gründung des Grauen Bundes zeigt. Die drei Protagonisten – Peter von Pontaningen, Abt des Klosters Disentis, Freiherr Hans Brun von Rhäzüns und Graf Hans von Sax-Misox – beschworen 1424 unter dem Ahorn von Trun «auf ewige Zeit» ihr bereits zuvor vereinbartes Bündnis. Seitdem diente der «Cuort Ligia Grischa» als Rathaus, Tagungsort und Gerichtsstätte des Grauen Bundes. Bis 1803, als Napoleon die Verhältnisse umstürzte, traf man sich jedes Jahr.

Über den Köpfen der drei Herren prangen ihre Wappen, darunter die der drei Bünde: Grauer Bund, Gotteshausbund und Zehngerichtebund. Umkränzt wird alles von einer Schar Putten, die Wimpel und Fahnen der zugehörigen Gemeinden schwenken, und von militärischem Gerät. In den vier Ecken des Saalhimmels propagieren Frauengestalten die Elementartugenden einer guten Regierung: Gerechtigkeit, Weisheit, Mässigkeit und Stärke. An den Wänden sind die Wappenschilde fast aller Landrichter des Grauen Bundes, der späteren Magistrate der Churer Kantonsregierung oder der Bundesregierung in Bern, soweit sie aus Graubünden stammten, zu sehen.

Seit 1934 beherbergt der Cuort Ligia Grischa – der Hof des Grauen Bundes – das Museum Sursilvan. Neben dem Sitzungssaal befinden sich in dem Haus die originalgetreuen Wohn- und Schlafräume früherer Bewohner, wie die des Abts von Disentis oder einiger Sitzungsdelegierter. Einzelne Räume sind historischen Handwerksgeräten, Mineralien und moderner Kunst gewidmet. Auch der Strunk des Ahornbaumes, unter dem der Schwur 1424 geleistet wurde, ist ausgestellt. Ein Unwetter hatte den symbolträchtigen Baum 1870 gefällt.

Adresse Via Principala 90, 7166 Trun | **Anfahrt** H 19, Ilanz–Disentis, am Ausgang von Trun (Via Principala) links parken | **Öffnungszeiten** etwa Anfang April–Ende Okt. Mo, Mi, Sa sowie 2. und 4. So im Monat 14–17 Uhr (genaue Tage unter www.museum-trun.ch/aktuell/), Infos und Gruppen nach Vereinbarung unter Tel. 081/9432583 | **Tipp** Der Ahorn, der heute neben der Kapelle St. Anna am östlichen Ende von Trun steht, entstammt einem Samen des alten Ahorns, unter dem der Treueschwur 1424 geleistet wurde. Man hatte die Nachkommenschaft des Altvorderen rechtzeitig vor dem Unglück gesichert.

97__Der verschwundene See

Kommt das Ungeheuer zurück?

«Er hinterlässt Leere» – die in Momenten der Trauer gebräuchliche Formel trifft im Fall des Lüschersees doppelt zu. Dort nämlich, wo sich einst der See auf 300 mal 400 Metern Fläche ausbreitete, klafft ein ödes Becken mit kleiner Restpfütze, auf dem Grund lediglich Gras, während auf den umliegenden Hügelkuppen eine üppige Vegetation mit reichlich Heidekraut, Alpenrosen, Heidelbeersträuchern, Riesenfarnen und Riesenrhabarber spriesst.

Ungewöhnlich mutet an: Man befindet sich auf einem Berg mit Weitsicht, doch der Berg ist eigentlich kein Berg, sondern ein buckliger, sumpfiger Rücken. Und hier lag auch der Lüschersee, der zudem keinen oberirdischen Abfluss hatte, sondern in den Untergrund entwässerte. Das machte ihn verdächtig, den ganzen Berg unter ihm ins Rutschen zu bringen, der sich jährlich um mehrere Meter talwärts bewegte. Wiederholt kam es zu verheerenden Murgängen.

In früheren Zeiten schob man solche Ereignisse auf das Ungeheuer, das in der Tiefe des Sees schlummerte. Der Sage nach reichte sein Grund nämlich bis zum Mittelpunkt der Erde, und alle hundert Jahre kam ein fürchterliches Wesen in Form eines Kuhbauches aus der Tiefe hervor und spie aus tausend Augen Feuer.

Nüchtern wie die Neuzeit ist, liess man den See, nachdem 1870 wegen Hangrutschungen bereits die Walsersiedlung Masügg aufgegeben werden musste, Anfang des 20. Jahrhunderts ab. Die Aktion scheint im Nachhinein gerechtfertigt, denn der Berghang ist mittlerweile stabil. In jüngster Zeit gibt es Überlegungen, das Becken wieder zu füllen. Die verbesserte Hangstabilität könnte schliesslich auch das Ergebnis von Aufforstungen und anderen Trockenlegungsmassnahmen sein.

Auch wenn der See verschwunden ist und das Becken kahl aussieht, einen Gewinner gibt es doch: Ein Murmeltier arbeitet auf dem Grund an seinem Bau – wie ein tausendäugiges Ungeheuer sieht es nicht aus.

Adresse Ausserglas, 7428 Tschappina | **Anfahrt** A13, Chur–San Bernardino, Ausfahrt Thusis-Nord, auf Äussere Heinzenbergstrasse Richtung Heinzenberg, nach 800 Metern im Kreisverkehr 2. Ausfahrt Richtung Tschappina, nach 600 Metern links, nach 9 Kilometern rechts Richtung Glaspass, nach 4,7 Kilometern an der Postauto-Haltestelle Glaspass parken, Fussweg an Bruchalp vorbei Richtung Bischolapass – circa 45 Minuten bis zum ehemaligen See | **Tipp** Von Tschappina nach Präz am nördlichen Heinzenberg führt der Pelegrinadi-Wanderweg zu sechs Stationen, allesamt Kirchen. Mit der zugehörigen Pelegrinadi-App auf dem Smartphone erfährt man Wissenswertes zu den Stationen (www.pelegrinadi.ch).

98 Die Wiege des Bündner Hip-Hops

Kicks, Snares, Hi-Hats und Sursilvan

«*Ina nova runda cun novs vers ed in'unda da beats pervers*» – reimt gut, aber haben Sie alles verstanden? Zur Auflösung: «Eine neue Runde … mit neuen Versen und einer Welle perverser Beats». Liricas Analas trumpfen mit ihren Reimen auf Rätoromanisch auf, genauer, im Idiom Sursilvan, und das bei Hip-Hop-Fans in der ganzen Schweiz.

Dass sie damit als Exoten gelten würden, war den Gründungsmitgliedern wohl klar, schliesslich galt es Ende der 1990er Jahre unter jungen Leuten nicht als sonderlich cool, Rätoromanisch überhaupt nur zu parlieren.

Doch sie wollten demonstrieren, dass man durchaus jung und urban sein kann, ohne die Wurzeln, besonders die sprachlichen, zu kappen – eine Art Mountainous Credibility. Und so rappt ein jeder im Slang der Hood – Verzeihung: des Heimatortes. Nach Meinung der vier MCs kann man in den Mundarten der Oberen Surselva, wie der Sedruner, auch richtig dreckig rappen – «Liricas Analas» bedeutet schliesslich «Arschreime» –, während die Sprache talabwärts geschliffener wird. Die Derbheit des Hochlands? Diese Unterschiede dürften dem des Rätoromanischen Unkundigen verschlossen bleiben, nicht jedoch die Energie in den Songs.

Darin geht es um die schmutzig-schönen und verbotenen Dinge des Lebens, aber auch um Identität und die alten Zeiten in der Heimat. Mit einer Ausnahme leben heute alle MCs in Zürich. Auf Deutsch oder Englisch wollen sie jedoch nie rappen, sondern immer in «unsere[r] Muttersprache mit einem so starken Potenzial» – «nies lungatg matern cun potenzial schi ferm».

Im «R5» in Dieni gaben sie 2001 ihr erstes Konzert. Heute ist hier das «bigT» zu Hause. Auch wenn der Name mehrfach gewechhat und auch die Einrichtung nicht mehr dieselbe wie damals ist: An diesem Ort wurde der rätoromanische Hip-Hop getauft.

Adresse Via Sundada 1, 7189 Tujetsch-Dieni | **Anfahrt** H 19, Ilanz–Oberalppass, nach 30 Kilometern in Disentis rechts auf H 19/Via Alpsu Richtung Oberalppass, 12 Kilometer bis Dieni | **Öffnungszeiten** Dez.–Mitte April täglich 15–19 Uhr, Events mit open End sowie mögliche Beschränkungen siehe Facebook-Seite des bigT | **Tipp** Der Lai da Tuma (Tomasee) ist in einer Stunde Wanderung vom Oberalppass zu erreichen und Quellsee des Vorderrheins. Er liegt malerisch von gezackten Gipfeln umgeben. Im Winter relevanter: Neben dem bigT liegt eine Talstation der Ski-Arena Andermatt-Sedrun.

99__Die Porta Alpina

Tiefbahnhof in Warteschleife

Blumenwiesen, schneebedeckte Berge, gute Luft – *nice to have*, aber wer im globalen Attraktionen-Wettbewerb steht, muss schon grössere Würfe wagen, um Touristen anzulocken. Wie praktisch, dass tief unter Graubündner Erde seit 1999 der Gotthard-Basistunnel gebaut wurde. Mit 57 Kilometern Länge ist er der längste Eisenbahntunnel der Welt (Stand 2021). Zwei Zwischenangriffsstollen verbinden die Röhren mit der Oberfläche, einer davon geht von Sedrun aus.

Warum also nicht einen Lift in den Stollen bauen und Bahnreisende 800 Meter nach oben ans Licht der Surselva hieven, dachte man sich im Jahr 2000 in der Surselva und entwickelte einen Plan, nach dem die Region zum Naherholungsgebiet für gestresste Grossstädter aus Basel, Zürich oder Mailand werden und obendrein mit einem technischen Prestigeprojekt auftrumpfen könnte. Erste Schritte wie Wartehallen für Reisende in der Tiefe wurden umgesetzt. Graubündens Bevölkerung sprach sich bei einer Volksabstimmung 2006 deutlich für das Projekt aus.

Eine Machbarkeitsstudie belegte jedoch bereits 2003 gravierende Probleme. So hätten Reisende mehr Umsteigeaufwand und Transfers auf sich nehmen müssen als bei mancher Fernflug-Odyssee, hinzu kämen gesundheitliche Risiken durch lange Wartezeiten in der Tiefe, Temperaturunterschiede von bis zu 50 Grad und schnelles Aufzugfahren. Auch sind zumindest von Norden die meisten Orte der Region auf herkömmlichen Bahnrouten schneller erreichbar, als es über die Porta Alpina möglich gewesen wäre.

2012 verkündete der Schweizer Bundesrat den vorläufigen Verzicht auf das Projekt. Einige Jahre war es still um das kühne Projekt. Seit 2019 wird es wieder verstärkt von Seiten der Politik und Investoren auf die Agenda gesetzt. Möglicherweise werden ja doch in naher Zukunft Reisende und Pendler aus der Tiefe des Berges hinauffahren und den Eingang des Zwischenangriffsstollens in Sedrun am Ufer des Vorderrhein passieren.

Adresse 7188 Tujetsch-Sedrun | Anfahrt H 19, Disentis – Oberalppass, etwa 1 Kilometer hinter Sedrun links auf Via Tgamaura, nach 800 Metern am Rhein parken, links am Fluss 250 Meter entlang, hinter der Brücke ist der Stollen zu sehen | Tipp Im Vorderrhein bei Disentis wurden schon beachtliche Goldnuggets gefunden. «Gold Gusti» zeigt, wie man selbst fündig wird (www.gold-gusti.ch/, Anmeldung siehe www.gold-gusti.ch/planung/kontaktinfos).

100 Die Ruine Rappenstein

Ab ins feuchte Versteck

Einige Meter oberhalb des Cosenzbaches versteckt sich die Ruine in einem Felsspalt, überragt von einer überhängenden Wand. Den Rest von Helligkeit nimmt ein dichtes Blätterdach. Zu keiner Jahreszeit erreicht ein Sonnenstrahl die Ruine. In dieser feuchten Nische konnte und mochte man es doch auf Dauer selbst im dunkelsten Mittelalter nicht aushalten. Wer baut hier eine Burg und zu welchem Zweck?

Laut Jahresringe-Untersuchungen an den Holzbalken dürfte das Gemäuer Mitte des 13. Jahrhunderts errichtet worden sein. Als Erbauer kommt die Adelsfamilie Thumb von Neuburg in Betracht, die sich später auf weiteren Besitzungen in Graubünden, Vorarlberg und bis nach Schwaben ausbreitete. Ob man es angesichts des Familiennamens als typisch «tumb» bezeichnen sollte, hier im Wald, fern aller Siedlungen und strategisch wichtigen Orte, eine Burg zu errichten, ist fraglich. War es doch «Parzival, der tumbe Tor», der von seiner Mutter Herzeloyde in der Waldeinsamkeit erzogen wurde, unwissend ob der Grobheit in der Welt. Doch was im mittelhochdeutschen Epos zeitlos und paradiesisch anmutet, roch im realen Mittelalter vermutlich nach Schimmel und Verfall. Denn wahrscheinlich kümmerten sich die Besitzer nicht ausreichend um ihre Immobilie. Angenommen wird, dass die Burg nicht dauerhaft bewohnt war und lediglich als Rückzugsort diente, wenn Ärger in Form von Raubrittern oder feindlichen Heeren im Anmarsch war.

Bereits um 1500 war Rappenstein Ruine, abgetragene Materialien legen nahe, dass man sie bewusst aufgab. Man hatte wohl die Einsicht gewonnen, dass regelmässige Rückzüge in ein Versteck keine Lösung sein können.

Mitten im Wald, nur über steile, rutschige und vernachlässigte Pfade erreichbar und immer im Dunkeln gelegen, wird die Burg wohl noch länger ein mysteriöser, verwunschener Ort bleiben. Durch Öffnungen in der Front kann man ins Innere gelangen.

Adresse Castrinis, 7204 Untervaz | Anfahrt A13, Chur–San Bernardino, Ausfahrt Zizers/Untervaz, rechts Richtung Untervaz auf Oberaurütenen, nach 2,5 Kilometern links auf Platz, nach 300 Metern rechts auf Gufel, rechts halten, nach 800 Metern parken, kurz danach links, nach etwa 1 Kilometer bei Castrinis links auf den Pfad zur Ruine Rappenstein, oberhalb der Wiese halten, nach etwa 500 Metern steil bergab | Tipp Grösste Felsenburg Graubündens ist Burg Kropfenstein in der Surselva. Die Ruine steht exponiert mitten in einer Felswand und ist westlich des Ortes Waltensburg/Vuorz (siehe Seite 50) in einer Viertelstunde Fussweg erreichbar.

101_Der Aual Foppumvasch

Element archaischer Landwirtschaft

Wie wunderbar der Name zum Bezeichneten passt: Lautmalerisch ist «Aual» ein Prachtexemplar – drei Vokale, die wie eine phonetische Welle klingen und dazu als einziger Konsonant ein «l», eine Liquida, ein Fliesslaut, der sagt: Alles fliesst. Und genau das tut es im Aual – schön gleichmässig gen Tal. An einer geeigneten Stelle – beim Aual Foppumvasch oberhalb von Santa Maria und Müstair ist dies ein natürlicher Wasserfall – wird das Wasser abgezweigt und fliesst fortan reguliert durch den Bewässerungskanal. An Schiebereglern lässt sich die gewünschte Wassermenge einstellen.

Was heute an heissen Tagen für Erfrischung und gutes Mikroklima sorgt, ein archaisches Bild bietet und obendrein durch das Plätschern eine kontemplative Wirkung entfaltet, war früher überlebenswichtig für die Landwirtschaft und Versorgungslage. Denn in einem trockenen Tal wie dem Val Müstair musste Weide- und Ackerland seit jeher künstlich bewässert werden. In den Auals konnte das Wasser, das von den Bergen herunterkommt, zielgerichtet auf Kulturland geleitet werden. Wenn es dagegen stark regnete, leitete man es gezielt ab, um Erdrutschen vorzubeugen. Doch die Auals waren noch anderweitig nützlich: Im Frühjahr beschleunigte man mit Hilfe des Wassers das Auftauen der Böden, so wuchs das Getreide schneller. Zudem wurden Nährstoffe als natürlicher Dünger vom Waldboden auf die Felder transportiert. Auf abgelegenen Höfen trieb das schnell fliessende Wasser auch Mühlen zur Stromerzeugung an.

Seit Einführung moderner Bewässerungsmethoden wurden die Auals nicht mehr unterhalten. Denn ob aus Holz auf Stelzen oder in den Boden eingelassen, der Wasserverlust war stets hoch. Seit einiger Zeit jedoch werden die alten Kanäle wiederbelebt. Man hat ihren Wert als Kulturdenkmal und Sinnbild für das schicksalhafte gemeinschaftliche Wirtschaften im abgelegenen Gebirgstal wiederentdeckt.

Adresse Chasellas, 7536 Val Müstair-Müstair | Anfahrt H28, Zernez–Müstair, nach 36 Kilometern hinter Santa Maria beim Hospital rechts auf Sielva, nach 250 Metern geradeaus, nach 1,2 Kilometern hinter dem Bachübergang parken, zu Fuss rechts, nach 50 Metern rechts auf Naturlehrpfad, nach 300 Metern beginnt der Weg am Aual | Tipp Der Talfluss Rom, der das ganze Val Müstair durchfliesst, ist ein Musterbeispiel für Renaturierung. Heute kann man den ehemals begradigten Bach entlang an Feuchtwiesen und Stromschnellen wandern.

102 Die Handweberei

Das Glück der Weberinnen

Handarbeit liegt im Trend. Da Massenware oft unter fragwürdigen Bedingungen hergestellt wird, greift man gerne zu Produkten aus regionaler Erzeugung, mit ökologischem und sozialem Ansatz.

In der Handweberei Tessanda ist das allerdings nichts Neues. Rückbesinnung auf die «gute alte Zeit» war hier nicht nötig, vielmehr besteht ein nahtloser Übergang von vorindustrieller Tradition zu nachhaltiger Produktion und bewusstem Konsum heute. Denn im abgelegenen Val Müstair stand bis ins frühe 20. Jahrhundert in fast jedem Haus ein Webstuhl. Die Menschen waren Textil-Selbstversorger, im Winter wurden Flachs und Schafwolle zu Stoffen verarbeitet. Bevor die Fertigkeit in Vergessenheit geriet, gründete der Pfarrer von Santa Maria, Rudolf Filli, 1928 die Handweberei Tessanda, um Frauen aus dem Tal die Möglichkeit zu Ausbildung, einem kleinen Auskommen und Selbstversorgung zu geben und damit gleichzeitig der Abwanderung aus dem Tal entgegenzuwirken. Bis heute wird die Tessanda, grösste Handweberei der Schweiz, als Stiftung geführt.

Im ersten Stock des alten Engadiner-Hauses klappert und rattert es. Hier stehen mehr als 20 Webstühle aus Holz, die zum grössten Teil vor über 100 Jahren von Schreinern aus dem Münstertal gefertigt wurden und die alle einen eigenen Namen haben. Ausgebildete oder in Ausbildung befindliche Fachkräfte weben Teppiche, Tischdecken, Kissenbezüge, Handtücher, Taschen, Schals oder Westen, alles mit Garn aus Naturfasern. Jedes Produkt hat seine individuelle Optik – bei Handfertigung kommt es stets zu leichten Unregelmässigkeiten, doch die sind gerne genommener Ausdruck von Individualität. Dank der Handwebkante, so kann man erfahren, ist zusätzliches Säumen obsolet.

Der Verkaufsraum im Erdgeschoss ist freundlich gestaltet. Man bekommt Lust, die wertvollen natürlichen Materialien anzufassen und sich auch mal ein Stück massschneidern zu lassen.

Adresse Plaz d'Ora 14, 7536 Val Müstair-Santa Maria | Anfahrt H 28, Zernez–Müstair, nach 35 Kilometern in Santa Maria links | Öffnungszeiten Juni–Okt. Mo–Fr 8–12 und 13.30–18 Uhr, Sa 10–12 und 13–17 Uhr, Nov.–Mai Mo–Fr 10–12 und 14–18 Uhr, an manchen Feiertagen geöffnet (Info unter Tel. 081/8585126); Werkstatt-Besichtigung nach Voranmeldung | Tipp Gleich neben der Manufaktur Tessanda liegt das Ritterhaus «Chasa de Capol». In dem 800 Jahre alten Gebäude serviert man in historischem Ambiente regionale Spezialitäten.

103__Das Museum Chasa Jaura

Moderne Kunst in der alten Stüva

Man steht vor einem auf die Spitze gestellten Viereck, das mangels echter Parallelen dreidimensional erscheint. Der Kontrast zwischen der geometrischen Form und der darunter stehenden Arvenholztruhe könnte grösser kaum sein – auf den ersten Blick. Bei genauerem Hinsehen offenbart sich eine Korrespondenz der Form mit den Gravuren auf der Truhe? Weitere Objekte der konkreten Kunst sind in allen Räumen des Museums Chasa Jaura zu sehen – an einer russgeschwärzten Wand über der Kohletür des Ofens zum Beispiel oder über dem Blasebalg der original erhaltenen Hammerschmiede von 1884.

Zwei Welten prallen aufeinander: moderne, minimalistische Kunst und handfeste Gebrauchsgegenstände, die Geschichten erzählen und Spuren aus Jahrhunderten aufweisen. Dabei bedrängen die modernen Kunstwerke die Alltagsgegenstände nicht. Umgekehrt lassen die alten Räume den Objekten Platz zum Wirken. Das mag daran liegen, dass beide nicht allzu sehr mit ihrer Präsenz prunken.

Denn die Räume mit originalen Zeugnissen der Alltagsgeschichte des Val Müstair sehen aus wie aus dem Leben gegriffen. In Stüva (Stube), Küche, Schlafkammer, Alpkäserei und Hammerschmiede ist nichts überladen oder wirkt präsentiert. In diese authentischen kargen Räume des alten Bauernhauses können als Gäste überhaupt nur Werke einziehen, die nicht den Raum okkupieren wollen, sondern nur sich selbst abbilden. Genau das geschieht in der Chasa Jaura. Allsommerlich, seit mehr als 25 Jahren, bietet das Museum den Rahmen für einen internationalen Vertreter zeitgenössischer Kunst. Den Spagat zwischen Heimatmuseum und Kunstmuseum zu vollziehen, bedeutet per se eine Kunst in einem Bauernhaus aus dem 17. Jahrhundert. Filmvorführungen, Lesungen und Konzerte runden das Angebot ab. So ist die Chasa Jaura zu einem kulturellen Hotspot über das etwas abgelegene Val Müstair hinaus geworden.

Adresse 7535 Val Müstair-Valchava | Anfahrt H 28, Zernez – Santa Maria, nach 34 Kilometern 3. Ausfahrtmöglichkeit von Valchava rechts, nach 100 Metern links auf Bauorcha, nach 150 Metern rechts | Öffnungszeiten etwa Juni – Okt. Di – Fr 10 – 12 und 15 – 18 Uhr; Sa und So 15 – 18 Uhr (www.chasajaura.ch/de/oeffnungszeiten/) sowie nach Anmeldung unter Tel. 081/8585317 | Tipp In Müstair, dem letzten Dorf vor der italienischen Grenze, liegt das Benediktinerinnenkloster St. Johann, seit 1983 UNESCO-Weltkulturerbe. Das Klostermuseum ist im ältesten noch existierenden Wohn- und Wehrturm der Alpen untergebracht (Öffnungszeiten unter www.muestair.ch/zu-besuch/museum/).

104 Der Steinbruch

Quarzit, der um die Welt geht

Der Stein, der hier abgebaut wird, ist ein besonderer – Valser Quarzit ist äusserst fest, kompakt und hält selbst strengen Frost aus. Und schön sieht er aus: Seine Oberfläche schimmert zwischen grünen, türkisen und grauen Farbtönen und trägt an Kunstwerke erinnernde Muster in sich. Das hat ihm eine weltweite Popularität beschert – ob für Innenräume, Aussenfassaden oder als Bodenmaterial. Seit 2013 ist auch der Zürcher Sechseläutenplatz mit Valser Quarzit bestückt. Die Nachfrage kann indes kaum befriedigt werden. Wer den Quarz in seinem Eigenheim sehen möchte, sollte sich daher rechtzeitig überlegen, welche persönliche Beziehung er mit dem edlen Material pflegt, denn danach fragt der Chef des grössten Valser Steinbruchs, Pius Truffer, schon mal im Kunden-Bewerbungsgespräch, bevor er einen Auftrag annimmt.

In der Sprache der Petrografie heisst der Quarz korrekt «Orthogneis» – oder auch «feinschiefriger Glimmerquarzit», 250 Millionen Jahre alt ist das Gestein. Viel später, bei der Auffaltung der Alpen vor etwa 50 Millionen Jahren, bekam es durch Mineralien-Einlagerungen seine heutige Gestalt.

Schwer vorstellbare Zeitspannen – und so sollte man meinen, auf stabilem Untergrund zu stehen, wenn man den versteckten Aussichtspunkt auf den Steinbruch entdeckt hat. Denn man steht auf einer Felsnase, die über der Steinbruchlandschaft hängt, und blickt hinüber auf einen Wasserfall. Die Gewalt, die in der Rohstoffnutzung liegt, verschmilzt mit den Naturkräften. Nur aufpassen sollte man, dass man nicht zum Zeitpunkt einer grossen Sprengung kommt. Dann könnte es hier ungemütlich werden. Doch das passiert nur alle drei Jahre, und das ganze Gelände wird vorher grossräumig abgesperrt. Bei den täglichen kleineren Sprengungen braucht man sich keine Sorgen ob des Standorts zu machen. Man erreicht ihn wenige Meter neben der Strasse, die von Vals zum Zervreilasee führt.

Adresse Zervreilastrasse, 7132 Vals | **Anfahrt** H 19, Flims–Disentis, Ausfahrt Ilanz/Val Lumnezia, auf Via Casanova, nach 800 Metern links auf Via Centrala, nach 200 Metern rechts auf Giessli, nach 20,5 Kilometern links auf Vallésstrasse, nach 100 Metern rechts, nach 800 Metern links auf Zervreilastrasse, nach 1 Kilometer rechts kleine Einbuchtung neben der Strasse (vor einer Linkskurve) | **Tipp** In der Therme Vals, einem Bau von Peter Zumthor, verschmelzen Farbe und Textur des Valser Quarzits aufs Feinste mit der umliegenden Gebirgswelt (7132 Vals).

105 Die Florinuskirche

Der listige Heilige

Dieser Heilige des 7. Jahrhunderts wusste wahrlich, Freund und Feind an der Nase herumzuführen – zu Lebzeiten wie nach seinem Tod. Als junger Mann in Erziehung und Diensten des Pfarrers von Ramosch, das damals Remüs hiess, hatte er Wein aus dem eigenen Lager zu holen. Auf dem Heimweg bettelten ihn Arme und Kranke um den Wein an. Florinus, ein *high potential* auf dem Gebiet des Heiligseins, konnte nicht anders, als alles zu verschenken. Als er abermals ins Lager wollte, um entsprechend aufzufüllen, verwehrten ihm die Wachen den Zugang und verrieten ihn beim Pfarrer.

Der hiess seinen Diener Wein einschenken, um ihn blosszustellen. Florinus nahm in der Not Wasser, und siehe da – es war zu Wein verwandelt. Damit war die Sache für den Pfarrer klar: Wer solch Wunder vollbringt, dem wollte ab sofort er dienen. Florinus lehnte ab, kehrte aber nach dem Tod des alten Pfarrers nach Remüs zurück und übernahm dessen Stelle.

Als er seinen Tod nahen sah, wollte er sich in Remüs zur ewigen Ruhe betten lassen. Er wusste, seine Sippschaft würde den Leichnam holen und im Heimatort bestatten wollen. So wies er seine Schäflein an, ihn zu begraben und über den tatsächlichen Sarg einen zweiten, repräsentativeren, zu legen, mit lediglich seinen Kleidern darinnen. Die Verwandtschaft nahm den falschen Sarg mit.

Im 16. Jahrhundert als Gott-Heiliger verehrt, wurde Florinus' Leichnam in einer Kiste zwischen seinem Südtiroler Geburtsort und Remüs hin und her getragen. Jungfrauen tanzten vor dem Behältnis. Als die Reformation dem Heiligenkult ein Ende bereitete und man die Kiste öffnete, kamen nur verschlissene Kleider zum Vorschein. Florinus hatte wieder einmal alle genarrt.

Die Reformierte Kirche in Ramosch ist nach dem ausgebufften Heiligen benannt. Erbaut wurde sie lange nach seiner Zeit. Im Inneren ist ein spätgotischer Wandtabernakel mit einer Abendmahldarstellung zu sehen.

Adresse Plaz, 7556 Valsot-Ramosch | Anfahrt H 27, Scuol–Martina, 1. Ausfahrt Ramosch links, nach 500 Metern links auf Sot Baselgia, nach 100 Metern links auf Plaz | Öffnungszeiten durchgehend geöffnet | Tipp Oberhalb von Ramosch liegt die Ruine Tschanüff. Einer Sage nach starb ihr letzter Ritter nach Verfluchung durch eine Fee aus einer nahen Höhle. Mit ihr hatte er eine aussereheliche Liaison gepflegt, aber nachdem er von seiner Ehefrau in flagranti ertappt worden war, kehrte er zu dieser zurück. Die Tränen der Fee liessen zeitweise eine nahe Quelle sprudeln und dann wieder ruhen.

106 Die Hangterrassen

Ökologische Nischen in Gefahr

Terrassenartig gegliedert sind die Hänge und schon im Frühsommer gelblich und hellbraun verfärbt. Der sandige Untergrund tritt hervor. So bekommt die Landschaft ein steppenartiges Gepräge, man wähnt sich in ferne kontinentale Gebirgsregionen versetzt – in den Himalaya oder die Anden. Doch wir befinden uns im Unterengadin. Mitten in den Alpen liegt bei Ramosch einer der trockensten Orte der Schweiz. Ein weiteres Merkmal ist die kleinteilige Struktur der Flächen: Hecken, Gebüsche und kleine Baumreihen unterteilen die Felder und Weiden in viele Mosaikstücke. Kleine Steinhaufen unterbrechen die Nutzflächen. Das alles sieht nicht nur archaisch schön aus, es schafft auch biologische Nischen für seltene Tier- und Pflanzenarten.

Seit jeher wird die Landwirtschaft im Unterengadin extensiv betrieben. Natürliche Faktoren wie kurze Vegetationsperioden bei langen Wintern und die steilen Hänge liessen keine andere Wahl. Und so gilt die Umgebung von Ramosch heute europaweit als Hotspot der Biodiversität. Doch wie vielerorts lautet mittlerweile auch hier das Mantra «Intensivierung». Produktivität rockt, also werden Flächen zusammengelegt, wird stärker gedüngt und früher im Jahr gemäht – besonders in niedrigen Lagen. In der Folge nimmt die Artenvielfalt ab, die typischen Trockenrasen und Blumenwiesen verschwinden zugunsten von artenarmen Fettwiesen.

Bei der Flächenproduktivität sollten in einer Bergregion wie dem Engadin wohl andere Massstäbe gelten als im Flachland. Wenn man auf naturnahe Bewirtschaftung und ökologische Produkte setzt, lassen die sich auch entsprechend gut und exklusiv vermarkten. Wie das geht, wird gleich um die Ecke sichtbar. Im Nachbardorf Tschlin setzt man mit dem Label «Bun Tschlin» auf regionale Wertschöpfung und Bio-Qualität.

Oberhalb von Ramosch sind die Terrassenfelder weithin ins Tal sichtbar. Vom Ort aus kann man sie gut erkunden.

Adresse Cuira, 7556 Valsot-Ramosch | Anfahrt H27, Scuol–Martina, 1. Ausfahrt Ramosch links, nach 500 Metern links auf Sot Baselgia, nach 100 Metern rechts auf Cuira, nach 400 Metern parken, weiter zu Fuss | Tipp Westlich von Ramosch liegt das Val Sinestra. Dieses abseits gelegene Tal wurde ob seiner schönen Verzahnung von Naturlandschaft und Kulturlandschaft von der «Stiftung Schweizer Landschaftsschutz» 2011 zur «Landschaft des Jahres» gewählt.

107_Das Atelier nostalgia

Kunsthandwerk von Vater und Tochter

Lieber etwas mehr Zeit nimmt er sich für seine Holzfiguren. Denn unter Druck kann er nicht arbeiten, sagt Willi Joos. Schliesslich braucht er höchste Konzentration und ein ruhiges Händchen für seine Arbeiten. Das kann man mitverfolgen, während er mit Bedacht und Passion Figuren aus Lärchenholz den letzten Schliff gibt, die das Inventar einer vielteiligen Weihnachtskrippe werden.

Spass am Basteln von Holzdekorationen und Holzspielzeug hatte Willi Joos schon immer. Nachdem er früher im grafischen Gewerbe tätig war, hat er sich etwa seit dem Jahr 2000 ganz dem Kunsthandwerk mit Holz verschrieben und betreibt es in seiner kleinen Werkstatt im eigenen Keller professionell. Sein Onkel vererbte ihm das Inventar, eine Sammlung von Bildhauer- und Schreinerwerkzeugen. Er selbst fügte Drechselbank, Dekupiersäge und Bandsäge hinzu.

Wichtig zu wissen für besorgte Eltern: Wenn er Farben verwendet, trägt er als letzte Schicht ein spezielles Hartwachsöl auf, wodurch die Stücke auch in Kindermund keinen Schaden anrichten können.

Ende 2020 gab es eine familieninterne Fusion. Seither betreibt Joos gemeinsam mit seiner Tochter den Laden im Erdgeschoss des Hauses, der aus diesem Anlass eine Vergrösserung erfuhr. Tochter Regula Roos produziert in ihrem angeschlossenen Atelier Kunsthandwerk aus verschiedensten Materialien. Im gemeinsamen, «Atelier nostalgia» getauften Geschäft stehen ihre Miniaturen für Puppenhäuser und andere Werke neben den teils hängenden Holzfiguren des Papas: Hampelmänner, Zwerge, die als Kleiderbügel fungieren, filigrane Holz-Scherenschnitte, die Fabelwesen der Natur vors Fenster bringen. Dafür, dass in dem hübschen, im Landhausstil eingerichteten Atelier nostalgia auch das leibliche Wohl nicht zu kurz kommt, sorgt ein Kaffee- und Kuchenangebot. Unter anderem gibt es eine Abwandlung der berühmten Engadiner Nusstorte.

Adresse Zollhaus, Stradun 204, 7557 Valsot-Vnà | Anfahrt H 27, Scuol–Martina, 1. Ausfahrt Ramosch links, nach 500 Metern links auf Sot Baselgia, nach 100 Metern links auf Plaz, nach 3,3 Kilometern links auf Stradun | Öffnungszeiten ganzjährig Do, Fr, Sa 14–17 Uhr, Nov. geschlossen; Infos unter Tel. 081/8663227 oder 081/8663222 | Tipp Historische Geräte aus Landwirtschaft und Handwerk sind im «Museum local Vnà» zusammengetragen. Der Museumsverein zählt mehr Mitglieder als Vnà Einwohner (Stradella, gleich neben dem Haus von Willi Joos).

108 Die Sprachenschilder

Klassenzimmer Dorf

Bei den vielen Sprachen und Mundarten, die in Graubündens Tälern auf kleinem Gebiet verbreitet sind, kommt man schon einmal durcheinander. Und dann dieses Rätoromanische, das nur etwa 50.000 Menschen sprechen. Na ja, vielleicht kann man wenigstens viele Worte aus dem Französischen oder Italienischen ableiten, schliesslich gehören alle zur selben Sprachfamilie … Denkste! So einfach macht es das Romanische dem Fremden nicht. Wie gut, dass man beim Dorfrundgang durch Vnà ein kleines sprachliches Grundgerüst vermittelt bekommt. An jedem Haus ist ein Schild angebracht mit je einem Wort gross gedruckt auf Rätoromanisch und darunter der Übersetzung in gleich vier Sprachen: Deutsch, Italienisch, Französisch, Englisch. Alle Wörter sind Verben, und alle drücken etwas aus den Bereichen Kommunikation oder Verhaltensweisen aus.

Die Schilder sind ein Projekt des Konzeptkünstlers H. R. Fricker, das den treffenden Titel «Begehbares Dictionnaire» trägt. Fricker hat so interessante Dinge wie ein «Büro für künstlerische Umtriebe auf dem Land» gegründet und weltweite Mail-Art-Kongresse initiiert. Zudem rief er öffentlich zum gegenseitigen Besuchen auf. Man könnte sagen, Frickers Kunst zielt darauf ab, Begegnungen zwischen Menschen zu intensivieren. Daneben benennt er Orte und Gegenstände – gerne sind dies Plätze im öffentlichen Raum – mittels Beschilderung um und sorgt so für Bedeutungsverlagerungen.

Wie schlüssig, in einem kleinen Dorf, in dem schon die Einheimischen verschiedene Sprachen sprechen und in dem Touristen verschiedenster Zunge aufeinandertreffen, zum verbesserten Verstehen beizutragen und zum Austausch der Begriffe aufzurufen. Genau das geschieht mit den Vokabeln in Vnà. Die Schilder werden nämlich jedes zweite Jahr neu an die Häuser verteilt. So kann jedes Gebäude stets neue Assoziationen auslösen und ihm eine andere Bedeutung zugewiesen werden.

Adresse 7557 Valsot-Vnà | Anfahrt H 27, Scuol – Martina, 1. Ausfahrt Ramosch links, nach 500 Metern links auf Sot Baselgia, nach 100 Metern links auf Plaz, nach 3,3 Kilometern links auf Stradun, nach 200 Metern auf Plaz | Tipp In Valsot-Tschlin, Innabwärts über dem Tal gelegen, setzt die Initiative «Somalgors74» kulturelle Projekte im öffentlichen Raum um. Über den Scan eines QR-Codes, der als Sgraffito an einer Hausfassade prangt, kann ein Computerspiel heruntergeladen werden. Auch ein «Archiv der alpinen Geruchserinnerungen» haben die Künstler angelegt (Infos: https://somalgors74.ch/).

109_Die Viamala

Schauergeschichten vom Bösen Weg

«Unfallschwerpunkt» würde man es heute wohl nennen. Die Viamala war immer ein gefährliches Stück Weg für Reisende und galt als «grausame, abscheuliche Wildnis». Der Bau der beiden Wildener Brücken um 1738 entschärfte die gefährlichste Stelle, doch Verbesserungen sorgen auch stets dafür, das Restrisiko zu unterschätzen und unvorsichtig zu fahren. So geschahen weiterhin Unfälle wie im Jahr 1855, als ein Bischof samt seinem Gefährt von der Brücke in die Schlucht geschleudert wurde, nachdem es von einer in halsbrecherischem Tempo entgegenkommenden Postkutsche gerammt worden war. Im Winter 1800 geriet ein französisches Heer in einen Sturm, der einen ganzen Hang mit Gestein und Bäumen niedergehen liess. Soldaten, Pferde und Kutschen wurden mitsamt Kisten voller Juwelen – vermutlich Raubgut aus einem Kloster – in den Rhein gespült.

Bereits lange vor dem Bau der Brücken transportierten Säumer Waren durch in den Fels geschlagene Galerien. Sie brachten Seide und Leinen von Norden nach Zillis südlich der Viamala, wo andere Fuhrleute für den Weg nach Italien übernahmen. Auf dem Rückweg brachten sie Reis, Getreide und Wein aus dem warmen Süden nach Thusis.

Dem Wein mag es geschuldet sein, dass sich dabei – Gerüchten zufolge – mehr Unfälle auf dem Weg von Süd nach Nord ereignet haben sollen als umgekehrt, oft einhergehend mit einer Rotfärbung des Rheinwassers. Manch ein Säumer dürfte sich an seiner Fracht bedient haben, um sich die Fahrt zu versüssen – mit fatalen Auswirkungen in den engen Passagen.

Die Viamala hat viele schauerliche Geschichten zu erzählen. Unterhalb der Wildener Brücken geht es am Besucherzentrum Viamala in die Schlucht hinunter. Ja nach Tag und Jahreszeit bedeutet das mitunter eine touristische Überdosis mit Reisebussen in Serie. Gesprächsfetzen über unbequeme Bussitze oder eine «Stauhölle» lassen angesichts der alten Geschichten dieses Ortes schmunzeln.

Adresse Viamala, 7432 Zillis-Reischen | **Anfahrt** A13, Chur–San Bernardino, Ausfahrt Viamala, auf H13 Richtung Viamala | **Öffnungszeiten** April und Okt. 9–18 Uhr, Mai–Sept. 8–19 Uhr | **Tipp** Die Kirche St. Martin in Zillis ist berühmt für ihre Holzdecke, die vollständig von Malereien bedeckt ist. 153 quadratische Tafeln heissen den Besucher den Kopf in den Nacken legen (Postplatz, Öffnungszeiten unter www.zillis-st-martin.ch/).

110 Der Alterssitz der Kaiserin

Eine ganz normale Pensionärin

Die geliebte Heimat stets vor Augen und sie doch nicht betreten dürfen – Zita Maria delle Grazie von Bourbon-Parma, der letzten Kaiserin von Österreich, war dieses bittere Schicksal beschieden. Mit ihrem Mann Karl I., dem letzten Kaiser von Österreich-Ungarn, floh sie nach Ende des Ersten Weltkrieges, der auch die Monarchie begrub, aus Österreich. Dort wurden alle Mitglieder der Habsburger-Familie, die sich nicht vom Herrscherhaus lossagten, auf Lebenszeit des Landes verwiesen. Nach dem Tod ihres Mannes und einem Umherziehen durch viele Länder beschloss Zita 1962, ihren Lebensabend ganz in der Nähe des verbotenen Österreich zu verbringen.

Zusammen mit ihrer Schwester Isabelle von Bourbon-Parma und der Gräfin Kerssenbrock bewohnte Zita ein Appartement mit fünf Räumen im St. Johannes-Stift, wie das Schloss Zizers bis 2019 hiess. Die letzte Kaiserin führte ein Leben als normale Pensionärin. Engen Kontakt pflegte sie mit Priestern, für die das Stift seit 1899 als Altersresidenz konzipiert war. Wenn die Sehnsucht nach dem geliebten Österreich zu gross wurde, liess sie sich rheinabwärts fahren, um einen Blick über den Fluss nach Vorarlberg zu erhaschen.

Nach ihrem Tod 1989 wurde Zita in der Wiener Kapuzinergruft beigesetzt. Sieben Jahre zuvor war der Bann gebrochen – ihr wurde auf Fürsprache des spanischen Königs Juan Carlos hin die Einreise nach Österreich erlaubt und die Segnung durch den Wiener Bischof zuteil – so wie es früher bei Kaiserinnen üblich war.

Das St. Johannes-Stift, in dem bis zuletzt an die letzte Kaiserin erinnert wurde, musste 2016 schliessen. Drei Jahre später wurde das Gebäude, das vor 1900 als «Unteres Schloss» bekannt war, von Investoren aus der Region erworben. Die Schloss Salis Zizers AG lässt im Schloss samt Nebentrakt Eigentumswohnungen errichten, der historische Charme soll dabei erhalten bleiben (Stand Herbst 2021).

Adresse Vialstrasse 18, 7205 Zizers | **Anfahrt** A13, Sargans–Chur, Ausfahrt Zizers, links auf Oberaurütenen, links auf H 3/Kantonsstrasse, nach 1,1 Kilometern rechts auf Vialstrasse, rechts auf Bannholzstrasse, links auf Ochsenweidstrasse, weiter auf Vialstrasse | **Öffnungszeiten** Nicht öffentlich zugänglich (Stand 2021) | **Tipp** Oberhalb des Dorfes kann man, am Oberen Schloss vorbei, durch schöne Obstbaumwiesen streifen (Oberschlossweg).

111 Die geteilten Brunnen

Wasser für viele Fälle

Mensch und Tier aus derselben Quelle Wasser zu spendieren, sprach bereits in biblischer Zeit für gesunden Pragmatismus. So soll die Frau von Abrahams Sohn Isaak entscheidende Pluspunkte bei dem gesandten Junggesellinnen-Scout gesammelt haben, indem sie nicht nur ihm, dem müden Wanderer, zu trinken gab, sondern in gleichem Zuge auch seinem Kamel.

Pragmatismus bewiesen auch die Bewohner von Zuoz. Als 1499 im Schwabenkrieg habsburgische Truppen im Anmarsch waren, setzten sie kurzerhand ihr Dorf in Brand, um es nicht mitsamt Vorräten dem Feind in die Hand fallen zu lassen. Der Wiederaufbau erfolgte nach einheitlichem Muster, weshalb Zuoz heute ein schönes geschlossenes Ortsbild mit den berühmten Engadiner Häusern besitzt, dazwischen verteilen sich sieben Brunnen, alle mit einem oberen Teil für die Menschen und einem unteren fürs Vieh. Nun tranken an den Zuozer Brunnen Mensch und Tier nicht unmittelbar Kopf an Kopf, vielmehr diente der obere Teil den Menschen für die Wäsche, während der untere Teil Viehtränke war.

Der bekannteste unter ihnen ist der Bärenbrunnen am zentralen Plazzet vor der Chesa Planta, einem der Stammsitze der in Graubünden weitverzweigten Familie Planta. Am Sockel der Bärenstatue sind die Insignien von Zuoz erkennbar: Krone, Gerichtsschwert und Bischofsstab verdeutlichen die einstige Funktion als Haupt- und Gerichtsort des Oberengadin.

Die Brunnen sind nicht nur schön anzusehen und verbreiten eine kontemplative Wirkung, sie haben auch eine wichtige Funktion beim heidnischen Fruchtbarkeitskult von San Gian (Sankt Johannis). Am 24. Juni, dem Johannistag, der nach julianischem Kalender der Tag der Sonnenwende war, nutzen die Jungen des Dorfes die Brunnen zum Nachladen ihrer selbst gebastelten Wasserspritzgeräte, mit denen sie entsprechend dem Brauch Mädchen nass spritzen – die Symbolik kann schwerlich missverstanden werden.

Adresse Vor Plazzet 28, 7524 Zuoz | Anfahrt H 27, St. Moritz–Scuol, Ausfahrt Zuoz, links auf Via Staziun, nach 900 Metern am Bahnhof rechts auf Via Staziun, nach 200 Metern rechts auf Via Maistra, nach 150 Metern auf Plazzet | Tipp Unten am Plazzet steht das Hotel und Restaurant «Crusch Alva». Früher verkehrten hier die Richter und Ratsherren von Zuoz. Gut essen kann man auch heute noch.

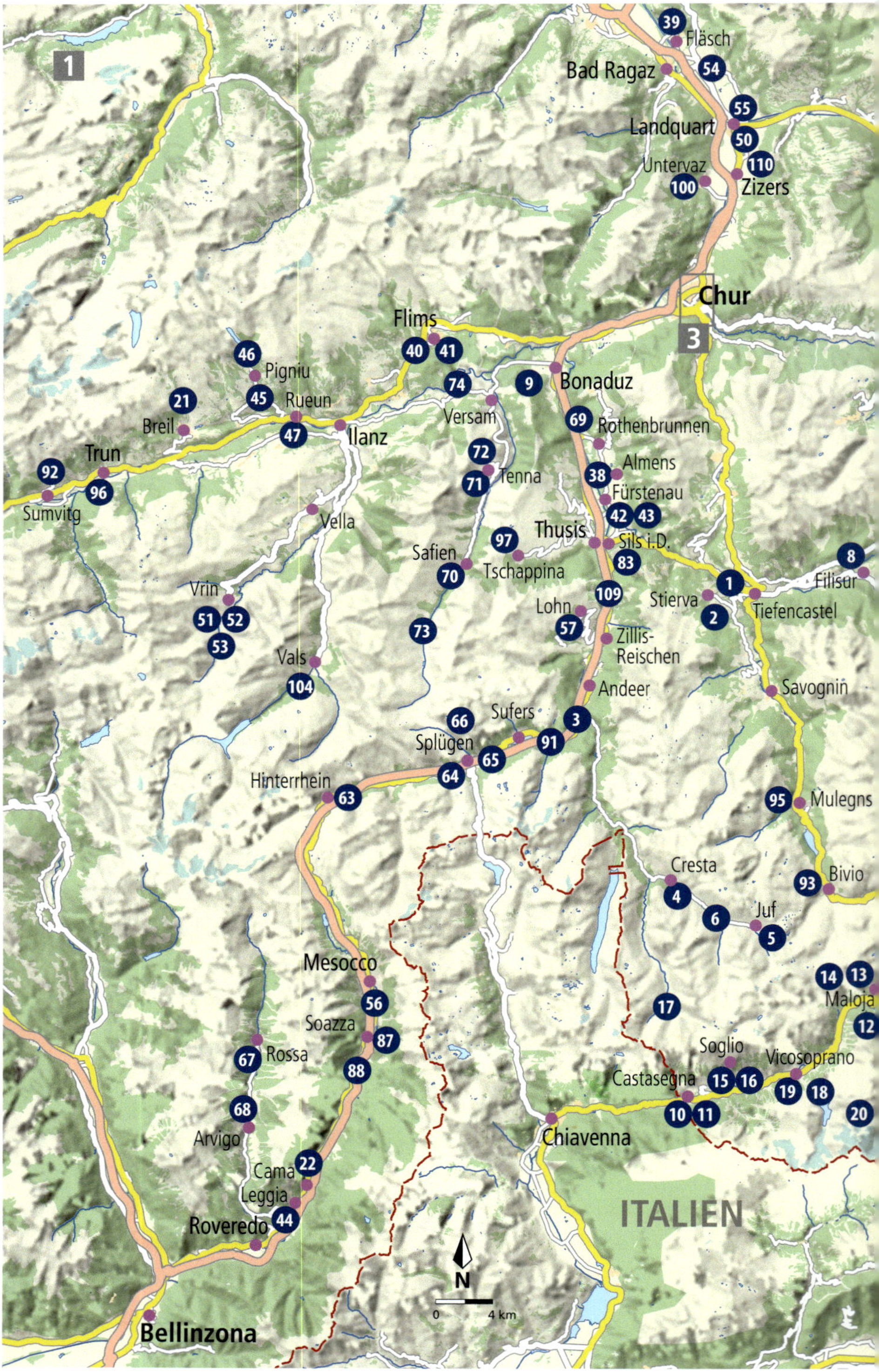
1
3
Chur
Bad Ragaz
Fläsch
Landquart
Untervaz
Zizers
Flims
Bonaduz
Pigniu
Rueun
Breil
Ilanz
Trun
Sumvitg
Versam
Rothenbrunnen
Almens
Tenna
Fürstenau
Vella
Thusis
Sils i.D.
Safien
Tschappina
Filisur
Stierva
Tiefencastel
Vrin
Lohn
Zillis-
Reischen
Vals
Andeer
Savognin
Sufers
Splügen
Hinterrhein
Mulegns
Cresta
Bivio
Juf
Mesocco
Maloja
Soazza
Soglio
Vicosoprano
Rossa
Castasegna
Chiavenna
Arvigo
Cama
Leggia
Roveredo
Bellinzona
ITALIEN
N
0
4 km

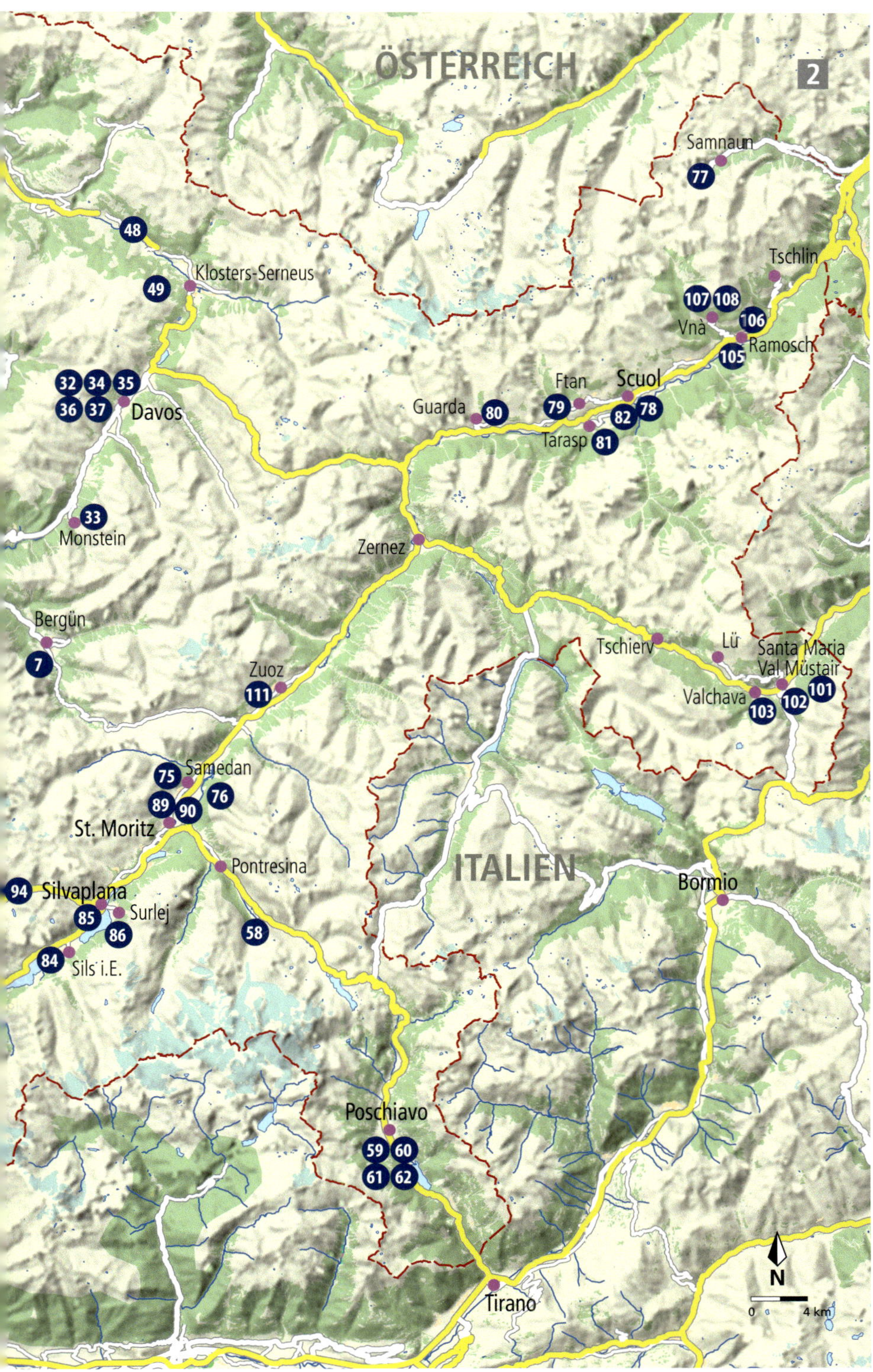
ÖSTERREICH
2
Samnaun
77
48
Tschlin
Klosters-Serneus
49
107
108
Vnà
106
Ramosch
105
32
34
35
Ftan
Scuol
36
37
Davos
Guarda
80
79
82
78
Tarasp
81
33
Monstein
Zernez
Bergün
Tschierv
Lü
Santa Maria Val Müstair
7
Zuoz
111
Valchava
103
102
101
75
Samedan
76
89
90
St. Moritz
Pontresina
ITALIEN
Bormio
94
Silvaplana
85
Surlej
86
58
84
Sils i.E.
Poschiavo
59
60
61
62
N
Tirano
0
4 km

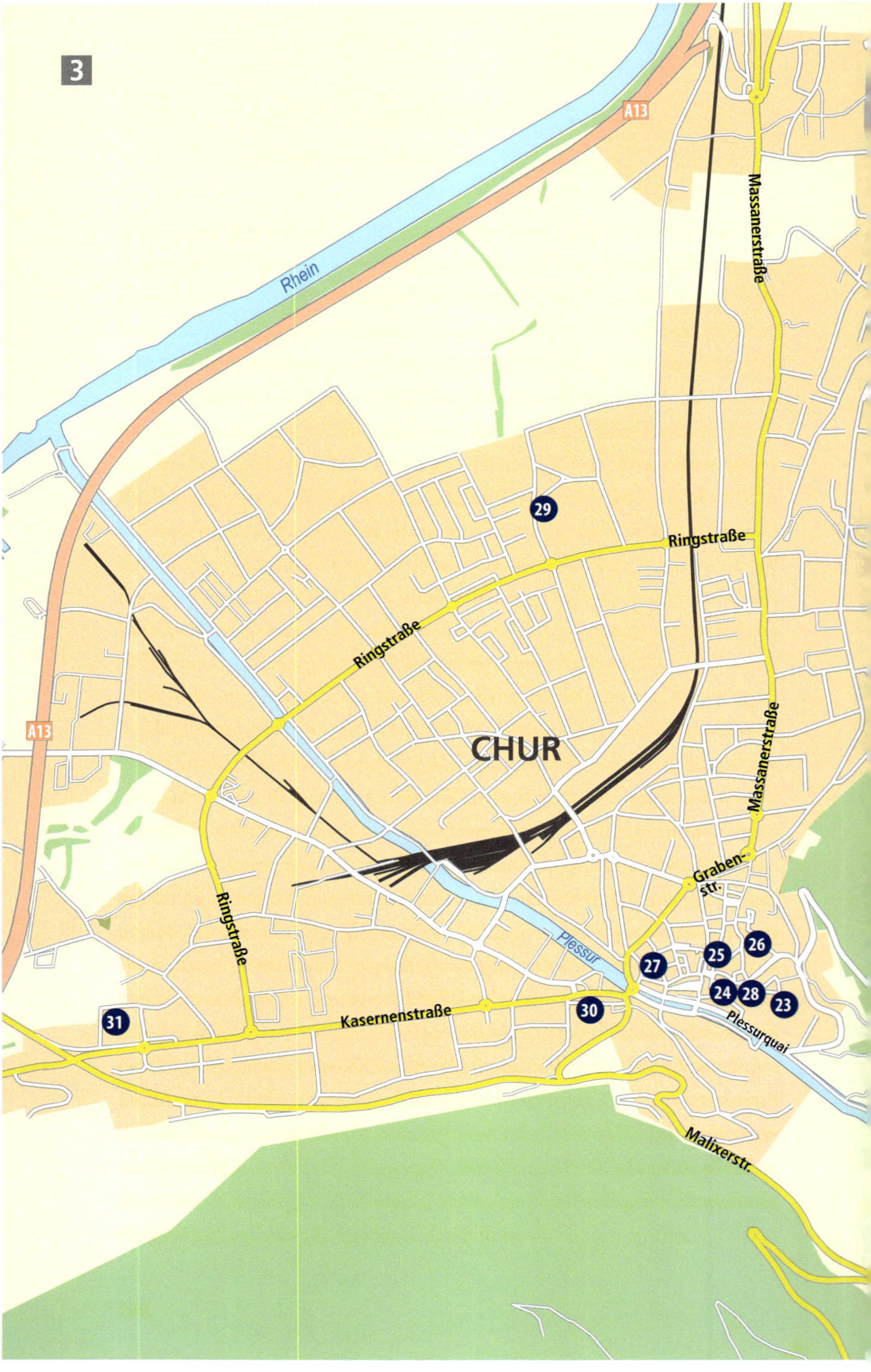
3
Rhein
A13
Massanerstraße
29
Ringstraße
Ringstraße
A13
CHUR
Massanerstraße
Graben-
str.
Ringstraße
Plessur
26
25
27
24
28
23
30
31
Kasernenstraße
Plessurquai
Malixerstr.

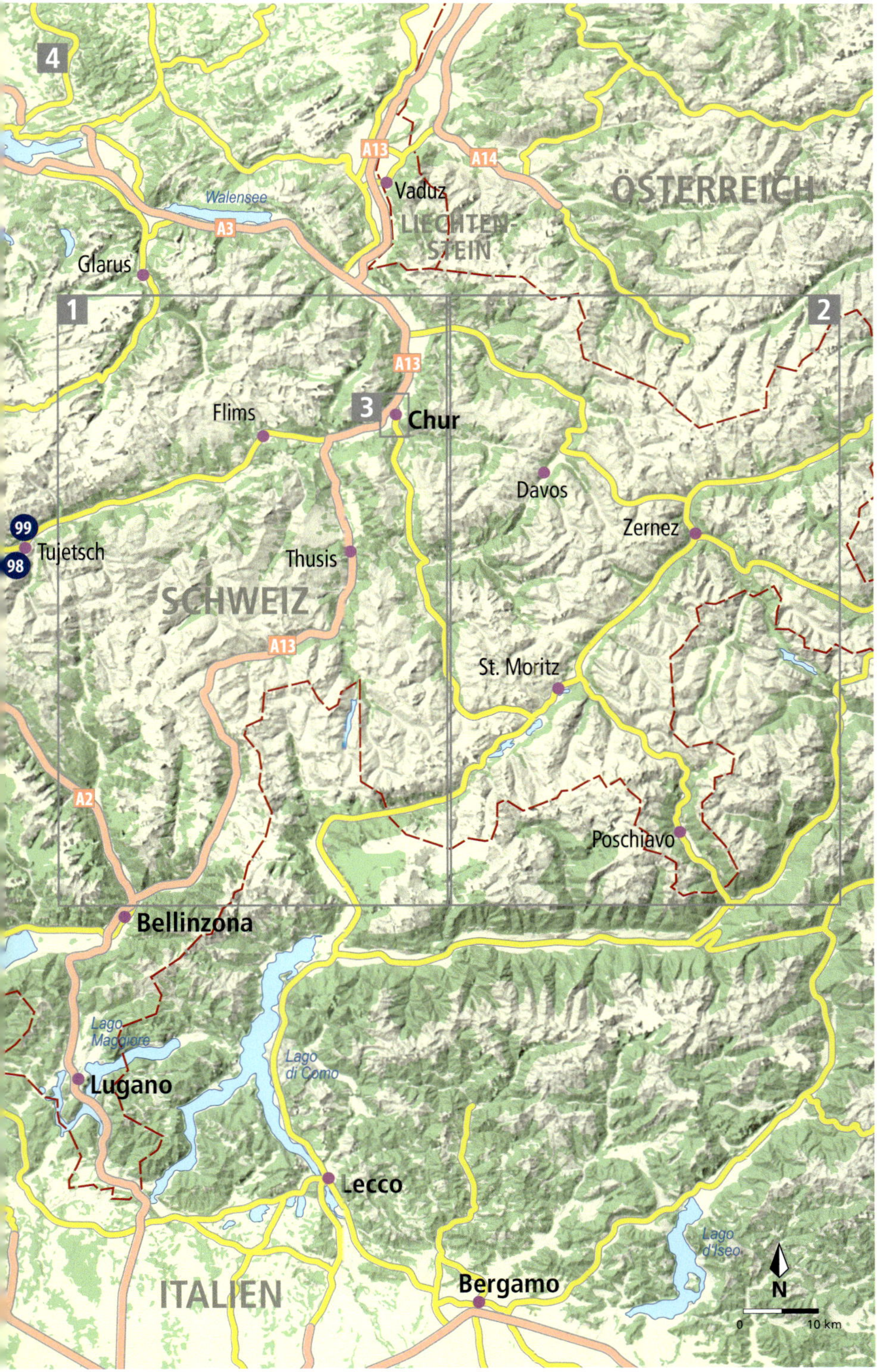

4
Walensee
A3
A13
Vaduz
A14
LIECHTEN-
STEIN
ÖSTERREICH
Glarus
1
2
A13
3
Chur
Flims
Davos
Zernez
99
Tujetsch
98
Thusis
SCHWEIZ
A13
St. Moritz
A2
Poschiavo
Bellinzona
Lago Maggiore
Lago di Como
Lugano
Lecco
Lago d'Iseo
N
0
10 km
Bergamo
ITALIEN

Christof Gasser, Barbara Saladin
111 Orte im Kanton Solothurn, die man gesehen haben muss
ISBN 978-3-7408-0975-1

Ambroise Tièche, Katharina Hohmann, Fritz von Klinggräff
111 Orte in Genf, die man gesehen haben muss
ISBN 978-3-7408-0835-8

Silvia Götschi
111 Orte in Nidwalden, die man gesehen haben muss
ISBN 978-3-7408-0566-1

Nina Kobelt, Silvia Schaub
111 Orte rund um den Säntis, die man gesehen haben muss
ISBN 978-3-7408-2041-1

Sonja Muhlert, Adrian Künzi
111 Orte in und um Biel/Bienne, die man gesehen haben muss
ISBN 978-3-7408-0340-7

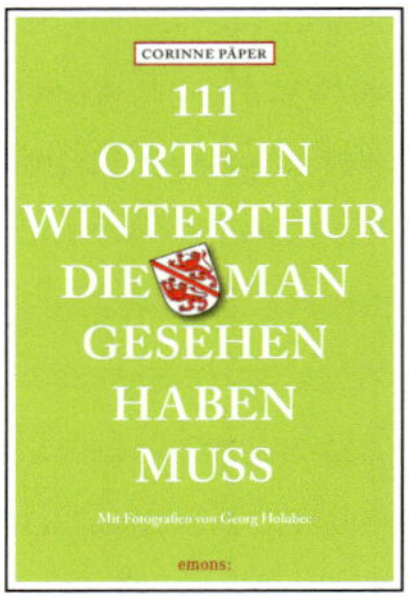

Corinne Päper, Georg Holubec
111 Orte in Winterthur, die man gesehen haben muss
ISBN 978-3-7408-1691-9

Marcus X. Schmid, Michel Riethmann
111 Orte in Luzern und rund um den Vierwaldstättersee, die man gesehen haben muss
ISBN 978-3-7408-1811-1

Mercedes Korzeniowski-Kneule
111 Orte in Basel, die man gesehen haben muss
ISBN 978-3-95451-702-2

Barbara Saladin
111 Orte in Baselland, die man gesehen haben muss
ISBN 978-3-7408-0122-9

Oliver Zwahlen
111 Orte in Zürich, die man gesehen haben muss
ISBN 978-3-7408-1381-9

Cornelia Lohs
111 Orte in Bern, die man gesehen haben muss
ISBN 978-3-7408-2000-8

Ursula Kahi
111 Orte im Aargau die man gesehen haben muss
ISBN 978-3-95451-537-0

Dietlind Castor
111 Orte am Bodensee, die man gesehen haben muss
ISBN 978-3-7408-1781-7

Marion Rapp
111 Schätze der Natur rund um den Bodensee, die man gesehen haben muss
ISBN 978-3-95451-619-3

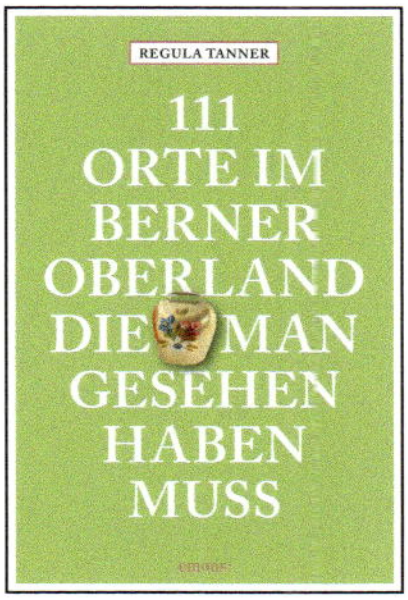

Regula Tanner
111 Orte im Berner Oberland, die man gesehen haben muss
ISBN 978-3-7408-1547-9

Monika Mansour
111 mystische Orte in der Schweiz, die man gesehen haben muss
ISBN 978-3-7408-1817-3

Erwin Ulmer
111 Orte in Oberschwaben, die man gesehen haben muss
ISBN 978-3-7408-0860-0

Barbara Goerlich
111 Orte auf der Schwäbischen Alb, die man gesehen haben muss
ISBN 978-3-7408-1303-1

Barbara Riess
111 Schätze der Kultur im Schwarzwald, die man gesehen haben muss
ISBN 978-3-7408-0555-5

Ute Blessing
111 Orte im Remstal, die man gesehen haben muss
ISBN 978-3-7408-1356-7

Gabriele Kalmbach
111 Orte im Stuttgarter Umland, die man gesehen haben muss
ISBN 978-3-7408-1651-3

Barbara Riess
111 Orte in Freiburg, die man gesehen haben muss
ISBN 978-3-7408-1073-3

Gertrud Steiger, Joachim Steiger
111 Orte im Kraichgau, die man gesehen haben muss
ISBN 978-3-95451-232-4

Gabriele Kalmbach
111 Orte in Stuttgart, die man gesehen haben muss
ISBN 978-3-7408-0974-4

Cornelia Lohs
111 Orte in Mannheim, die man gesehen haben muss
ISBN 978-3-7408-0554-8

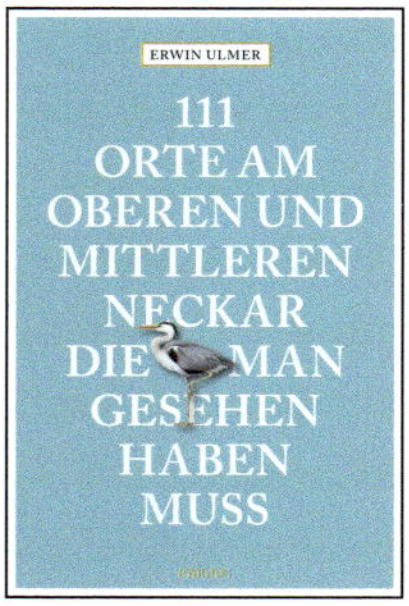

Erwin Ulmer
111 Orte am oberen und mittleren Neckar, die man gesehen haben muss
ISBN 978-3-7408-0364-3

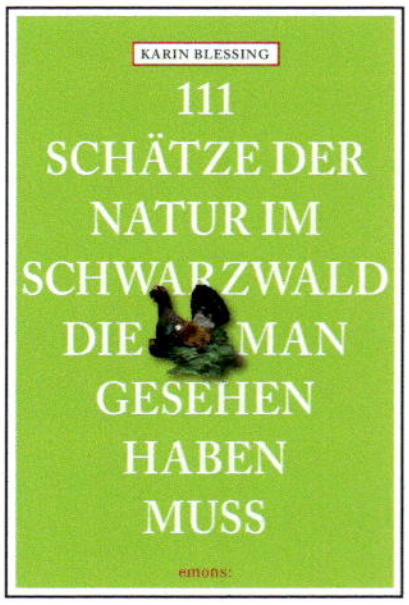

Karin Blessing
111 Schätze der Natur im Schwarzwald, die man gesehen haben muss
ISBN 978-3-95451-701-5

Entdecken Sie die älteste Stadt der Schweiz

Die Hauptstadt Graubündens mit historischen Wurzeln liegt eingebettet in einer grossartigen Bergwelt und ist gleichzeitig die älteste Stadt der Schweiz.

Besonders sehenswert in Chur sind das bischöfliche Schloss, die dreischiffige Kathedrale Sankt Mariä Himmelfahrt und die bestens erhaltenen Gebäude in der Altstadt. Viel Wissenswertes aus der Geschichte und Kultur erfahren Sie auf einem geführten Stadtrundgang oder individuell mit dem kostenlosen City E-GUIDE.

Der Arcas in der schönen Altstadt.

Die autofreie Altstadt und die verwinkelten Gassen laden zum gemütlichen Einkaufsbummel. Geniesser schätzen die zahlreichen gemütlichen Cafés und über 130 Restaurants, die der Stadt nebst dem milden Klima ein spürbar mediterranes Ambiente verleihen.

Mit der Rhätischen Bahn durch Chur.

Übernachten Sie in einem der vielen Hotels in Chur und starten Sie Ihre Bahnreise mit den weltberühmten Panoramazügen Glacier Express und Bernina Express.

Mit dem Hochplateau Brambrüesch verfügt Chur zudem über ein eigenes Sommer- und Wintersportgebiet, welches direkt aus dem Zentrum per Luftseilbahn erschlossen ist.

Mitten aus der Stadt auf den Berg.

Kontakt Chur Tourismus
Tourist Info
Bahnhofstrasse 32 | 7000 Chur
Tel. +41 81 252 18 18 | info@churtourismus.ch
churtourismus.ch

Der Autor

Christian Löhden studierte Germanistik, Geschichte und Ökonomie. Seit vielen Jahren ist er journalistisch sowie in der Presse- und Öffentlichkeitsarbeit tätig. Seit 2006 lebt er in Köln. Mit der Kamera ausgerüstet, begibt er sich leidenschaftlich gern auf unbekanntes wie auf vertrautes Terrain und hat dabei immer wieder auch Graubünden im Visier. Im Emons Verlag erschien der Entdeckungsführer »111 Orte in der Pfalz, die man gesehen haben muss«.